KB107457

빌 게이츠는 왜 과학책을 읽을까

지은이 유정식

경영 컨설턴트이자 인사 및 전략 전문 컨설팅 회사인 인퓨처컨설팅 대표. 포항공과대학교(포스텍) 산업경영공학과를 졸업하고 연세대학교에서 경영학 석사 학위를 받았다. 기아자동차에서 사회생활을 시작했으며 LG CNS를 거쳐 글로벌 컨설팅 회사인 아서앤더슨과 왓슨와이어트에서 전략과 인사 전문 컨설턴트로 경력을 쌓았다. 인퓨처컨설팅을 설립한 이후에는 시나리오 플래닝, HR 전략, 경영 전략, 문제 해결력 등을 주제로 국내 유수 기업과 공공기관을 대상으로 컨설팅과 교육을 진행하고 있다. 지은 책으로 《착각하는 CEO》 《전략가의 시나리오》 등이, 옮긴 책으로 《최고의 팀은 왜 기본에 충실한가》 《하이 아웃풋 매니지먼트》 《피터 드러커의 최고의 질문》 《에어비앤비 스토리》 《디맨드》 《창작의 블랙홀을 건너는 크리에이터를 위한 안내서》 등이 있다.

빌 게이츠는 왜 과학책을 읽을까

2019년 9월 16일 초판 1쇄 발행 | 2019년 11월 8일 초판 2쇄 발행

지은이 유정식 | 펴낸곳 부키㈜ | 펴낸이 박윤우
등록일 2012년 9월 27일 | 등록번호 제312-2012-000045호
주소 03785 서울 서대문구 신촌로3길 15 산성빌딩 6층
전화 02) 325-0846 | 팩스 02) 3141-4066
홈페이지 www.bookie.co.kr | 이메일 webmaster@bookie.co.kr
제작대행 올인피앤비 bobys1@nate.com
ISBN 978-89-6051-735-6 03320

책값은 뒤표지에 있습니다. 잘못된 책은 구입하신 서점에서 바꿔 드립니다.

이 도서의 국립중앙도서관 출판예정도서목록(CIP)은 서지정보유통지원시스템 홈페이지(http://seoji.nl.go.kr)와 국가자료공동목록시스템(http://www.nl.go.kr/kolisnet)에서 이용하실 수 있습니다. (CIP제어번호: CIP2019030564)

빌 게이츠는 왜 과학책을 읽을까

의사결정에 힘이 되는 과학적 사고의 모든 것

유정식 지음

부·키

세계 최고의 경영자들은 왜 과학적 통찰과 사고력을 원할까

소문난 독서광인 마이크로소프트의 창업자 빌 게이츠는 1년에 두 번, 일주일의 '생각 주간'을 갖는다. 그는 별장에 들어가 일주일 동안 다른 일은 하지 않고 오로지 독서와 사색에 집중하며 새로운 사업 아이디어를 구상하는 것으로 알려져 있다. 그러던 그가 2010년부터 본인이 읽고 감명 받은 책을 공개하고 있는데, 그의 추천 목록에 오르면 삽시간에 베스트셀러가 될 정도로 출판계와 독자들에게 큰 영향력을 행사하고 있다.

그의 추천 목록을 살펴보면 정치, 경제, 사회, 역사 등 거의 모든 영역이 망라되어 있는데, 흥미롭게도 경영자 출신답지 않게 과학 관련 도서도 꽤 많이 추천한다. 대표적으로 《유전자의 내밀한 역사》, 《랜들 먼로의 친절한 과학 그림책》, 《파인만의 물리학 강의》, 《백신》, 《여섯 번째 대멸종》 등이 있다.[1] 오히려 순수한 경영 관련 도서는 손에 꼽을 정도로 적다.

페이스북의 CEO 마크 저커버그 역시 《면역에 관하여》, 《과학혁명의 구조》, 《생명 설계도, 게놈》 등의 과학서를 탐독하는 CEO로 알려져 있다.[2]

빌 게이츠와 마크 저커버그, 그들은 왜 과학책을 읽을까? 내 경험상 기업의 리더들은 전문 용어를 섞어 가며 경제 상황과 정치 환경의 복잡한 역학 관계를 설명하는 것은 별 거부감 없이 받아들인다.

그런데 과학에 대해서는 그렇지 않다. 내가 과거에 《경영, 과학에게 길을 묻다》란 책을 썼다고 하면 거의 자동적으로 '과학'이라는 단어에 꽂혀서 "책이 어렵겠네요"라며 이맛살부터 찌푸린다. 혹자는 그 책이 기대만큼 팔리지 않는 이유가 제목에 '과학'이라는 단어가 들어갔기 때문이라며 충고하기도 했다.

경제와 정치는 현대인의 교양이자 상식이라고 여기면서 과학은 자기계발이나 경영과는 아무 상관없는, 과학자들이나 고민할 영역으로 치부하는 듯하다. 이렇게 '과학 하면 돈이 나와, 쌀이 나와'라고 생각하는 리더에게 게이츠와 저커버그의 과학책 추천 목록은 그 자체로 따끔한 충고가 아닐까?

뛰어난 리더들이 과학책을 즐겨 읽는 이유는 과학이 경제나 정치와 같은 생활밀착형 학문이기 때문이다. 잠시 주변을 둘러보라. 우리가 사용하는 물건들 중 거의 모든 것이 과학적 사고와 실험의 산물 아닌가? 손에 들고 있는 이 책 역시 곰곰이 따져 보면 종이 생산, 잉크 제조, 인쇄 과정 등 모두가 과학과 공학의 산물임을 알 수 있을 것이다.

과학이야말로 우리에게 진짜로 '밥을 먹여 주는' 1차적 학문이라 할 수 있다. 요즘 큰 관심이 집중돼 있는 인공 지능(AI), 빅

데이터, 블록체인 등 4차 산업 혁명의 총아들은 수천 년간 축적된, 과학과 공학이라는 거인의 어깨가 없었더라면 탄생하지 못했을 것이다.

'과학은 내 일과 상관없다'고 생각하는 리더가 있다면 테슬라의 CEO 일론 머스크의 이야기를 계기로 그런 단정을 재고하기 바란다. 긍정적인 의미의 몽상가라고 말할 수 있는 그는 사업의 아이디어뿐만 아니라 실천 방법을 찾기 위해 보다 전문적인 과학서를 읽는다. 머스크가 스페이스X(머스크가 창업한 민간 우주 탐사 기업)라는 사업을 구상하던 때만 해도 그는 컴퓨터 프로그래밍에만 능했지, 로켓 과학에 대해서는 무지한 경영자였다.

그는 영국의 과학자 제임스 고든James E. Gordon이 쓴《구조: 물건이 떨어지지 않는 이유》라는 책을 통해 구조 설계의 기초를 습득했고 로켓 발사의 원리를 익히기 위해 화학자 존 클라크John D. Clark가 쓴《점화》까지 섭렵했다. 놀라운 점은 이들 책에서 도움을 얻어 스페이스X의 CEO로 활동하는 동시에 최고 설계 책임

자로도 역량을 발휘했다는 점이다.[3]

이 책은 리더들에게, 과학이 일상과 유리된 '그들만의 리그'가 절대 아닐뿐더러 소설책을 읽듯 재미있게 즐길 수 있는 콘텐츠임을 알리기 위해 썼다. 그렇기에 출퇴근길에도 쉽게 읽을 수 있도록 간결하게 서술하는 구성을 따랐다.

내 직업이 경영 컨설턴트인지라 사실을 전달하는 것뿐만 아니라 그것이 개인과 조직에 어떤 시사점을 주고 어떻게 적용해야 하는지 알려 줘야 한다는 의무감이 크다. 그래서 과학 이야기를 하면서도 각 장의 말미에는 개인으로서, 조직의 구성원으로서, 혹은 기업의 리더로서 과학적 사실을 어떻게 수용하고 활용해야 하는지에 관한 시사점을 간단하게 언급했다. 이 책을 통해 생활밀착형 학문인 과학을 일상적으로 '소비'하고 이용하기를 바란다.

전작 《경영, 과학에게 길을 묻다》가 과학에 어느 정도 관심이 많은 독자를 타깃으로 했다면, 이 책은 과학에 대한 배경지식이

거의 없는 독자도 충분히 소화할 수 있도록 썼다. 처음부터 순서 대로 읽어도 좋지만 차례를 보고 흥미를 느끼거나 도움이 될 만 한 장부터 읽어도 상관없다.

과학자가 아닌 필자가 썼기에 심화된 내용을 원하는 독자에 겐 오히려 지적 갈증을 유발할지도 모르겠다. 책 말미에 참고 문 헌(논문과 기사)을 자세히 달아 두었으니 참조하기 바란다. 또한 전작에서 소개했던 주제들 중 시간이 지나도 여전히 유효하고 유용한 것들 몇 개를 이 책에 수정하여 게재했음을 밝힌다.

부디 이 책이 과학에 대한 리더들의 무조건적인 거부감을 무 너뜨렸으면 한다. 또한 본격적이고 좀 더 전문적인 과학책 읽기 로 확장해 가는 데 작게나마 기폭제 역할을 하기를 희망해 본다.

차례

2부 나를 바꾸고 원하는 것을 얻는 기술

3부 과학은 어떻게 세상살이의 무기가 되는가

BUSINESS SCIENCE

BUSINESS SCIENCE

1부

성공하는 사람은
과학에서 배운다

NESS SCIENCE

비즈니스는 '정규 분포'처럼
호락호락하지 않다

중국 시장 진출 여부를 두고 "14억 중국 인구의 1퍼센트만 차지해도 성공"이라며 낙관적으로 전망하는 경우가 많다. 하지만 시장 점유율 1퍼센트를 차지하는 게 비교적 손쉬울 거라 여겼다면 크나큰 오해다. 그리고 이러한 오해는 멱함수 분포의 함정에서 비롯된다.

돌처럼 딱딱하게 냉동된 감자를 벽에 던지면 다양한 크기의 조각들로 깨진다. 깨진 조각들을 작은 것부터 큰 것까지 크기순으로 나열한 후 그 개수를 그래프로 그리면 어떤 패턴이 나타날까? 중간 크기의 조각이 가장 많고 양 극단으로 갈수록 개수가 줄어드는 종 모양의 정규 분포 곡선을 연상하겠지만, 덴마크의 과학자들은 냉동 감자를 깨뜨리는 실험을 통해 조각의 무게가 2배가 되면 개수는 6분의 1로 드물어지는 패턴을 발견했다. 이를 그래프로 그려 보면 오른쪽으로 갈수록 아래로 뚝 떨어지는 '니은

(ㄴ) 자' 모양이 된다. 이런 분포를 '멱함수 분포'라 부른다.

정규 분포를 따를 것 같지만 그렇지 않은 경우가 세상에는 오히려 더 많다. 지진의 경우 에너지 방출이 2배로 늘어나면 발생 빈도는 4분의 1로 줄어드는 멱함수 패턴을 따른다. 산불의 피해 면적이 2배가 되면 건수는 대략 3분의 1로 드물어진다. 미국에서 면적이 가장 작은 도시부터 순서대로 2400곳을 나열하면 어떤 분포가 나올까? 1997년의 연구에 따르면, 면적이 2배로 늘 때마다 도시의 수가 4분의 1씩 급감한다.

멱함수 분포는 어디에나 존재한다

어니스트 오보일 주니어Ernest O'Boyle Jr. 교수는 정규 분포에 대한 사람들의 맹목적인 믿음이 틀렸음을 재차 강조한다.[1] 그는 학술 연구자들이 2000년 1월~2009년 6월 사이에 상위 5개 학술 잡지에 게재한 논문 수를 분석했는데 모두 정규 분포가 아니라 멱함수 분포에 가까웠다. 9년 동안 1편의 논문을 게재한 연구자가 거의 대부분이었고 그보다 더 많은 수의 논문을 펴낸 연구자들은 급감하는 모양새를 띠었다. 연예계에 종사하는 1만 7750명을 대상으로 에미상, 그래미상, 골든글로브상 등 42개 부문에서 상을 받았거나 후보에 오른 사람들의 분포를 그려 보니 역시 멱함수 패턴이었다. 정치인들의 재임 기간을 분석해도, 운동선수들의 성적과 범실 분포를 따져 봐도 마찬가지였다.

미국의 언어학자 조지 지프George Zipf는 성경이나 문학 작품에서 가장 많이 사용되는 영어 단어의 경우 두 번째로 자주 쓰이는 단어에 비해 사용 빈도가 2배나 크다는 사실을 발견하고 '지프의 법칙'이란 말을 세상에 알렸다.[2] 영어에서 가장 많이 쓰이는 단어인 'the'는 사용 빈도가 7퍼센트인데, 두 번째로 자주 등장하는 'of'는 사용 빈도가 3.5퍼센트 정도다. 이렇듯 사용 빈도의 순위가 낮아질수록(the→of→and→to⋯) 사용 빈도가 급감한다.

멱함수의 함정에 빠지기 쉬운 비즈니스

한때 "중국은 인구가 14억 명이 넘으니까 1퍼센트만 차지해도 그게 얼마야?"라며 중국 관련 사업을 장밋빛으로 보던 사람이 꽤 있었다. 하지만 이는 망상이다. 매출순으로 1위부터 꼴찌까지 나열하면 정규 분포가 아니라 멱함수 분포가 나타나기 때문이다.[3] 이 멱함수 분포에서 1000개의 기업이 존재할 경우 1퍼센트의 시장 점유율을 기록하는 업체가 되기 위해서는 매출 순위가 얼마여야 할까? 영국의 소프트웨어 개발자 앤디 브라이스Andy Brice는 13위가 되어야 겨우 시장의 1퍼센트를 차지할 수 있다고 말한다.[4] 업체 수가 100개라면 19위는 해야 1퍼센트를 차지할 수 있을 뿐이다.

비즈니스가 냉혹한 현실인 이유는 세상이 멱함수 분포로 가득하기 때문이다. 스타트업을 계획하거나 이미 시작한 독자가 있다면 이 '1퍼센트의 오류'에서 빨리 탈출해야 한다. 투자자 앞에 가서 '시장의 1퍼센트만 먹으면 충분히 사업할 수 있다'란 말을 내세우는 것처럼 바보 같은 행동은 없다고 브라이스는 꼬집는다.

정규 분포는 개별 사건들이 독립적이고 분포에 미치는 영향력이 각각 동일할 경우에 성립된다. 학생들의 신장(키)이 정규 분포를 띠는 이유는 키에 대해 학생들이 상호 작용을 하지 않고 학생 한 명이 표본에 추가될 때 분포에 미치는 영향력이 각자 동일하기 때문이다. 하지만 냉동 감자, 논문, 지진, 단어, 기업 경쟁처럼 개별 사건들이 네트워크로 얽혀 있고 특정 사건의 영향력이 다른 것보다 높다면 정규 분포는 현실을 올바로 표현하지 못한다. 세상 만물이 무조건 정규 분포를 따를 것이라고 속단하여 일을 그르치지 않기를 바란다.

동물원에서 배우는
조직의 생존 전략

동물들의 생태에서 발견할 수 있는 생존과 번식 전략은 자연계에만 국한되지 않는다. 인간 사회나 조직, 기업에도 얼마든지 적용 가능하기 때문이다. 홍학의 군무를 통해 집단 지성의 힘을, 고양이의 놀이 속에서 자극의 순기능을 확인해 보자.

규모가 있는 동물원에 가면 가느다란 다리로 음악에 맞춰 군무를 추듯 이리저리 몰려다니는 주홍 빛깔의 새들을 볼 수 있다. 바로 홍학, 플라밍고flamingo다. 홍학은 조류 중에서 사회성이 높은 동물로 알려져 있다. 군무를 추는 듯한 행동은 음악 소리에 반응한다기보다 무리에서 이탈하지 않으려는 본능에서 기인하는 것으로 추정된다.

홍학이 사회적인 동물이라는 증거는 번식률이 무리의 규모와 밀접한 관련이 있다는 데서 확인할 수 있다. 홍학은 무리의 규모가 20마리 미만일 때는 번식하지 않으려 하지만, 20~30마리가 되면 그때부터는 활발하게 번식하는 경향을 보인다. 그래서 동물원이라는 한정된 공간에서 홍학을 관리하고 보존해야 하는 사육사들은 무리를 일정 규모로 유지하기 위해 애를 쓴다. 호주 시드니에 위치한 타롱가 공원의 동물원은 홍학들이 서로 짝짓기를 하려고 하지 않자 커다란 거울로 우리를 둘러싸서 개체 수가 많아 보이도록 꾀를 쓰기도 했다. 우스꽝스러운 방법이지만 번식하는 데에 꽤 효과가 있었다.

하나보단 둘, 둘보다는 셋

학자들은 홍학의 이런 습성을 '앨리 효과Allee Effect'라고 부른다. 이 용어는 생태학자 워더 앨리Warder C. Allee가 어항 속 금붕어들이 개체 수가 많을수록 더 빨리 성장한다는 사실을 발견한 데에서 유래했다.[5] 앨리는 이 연구를 통해 단독으로 생활하는 것보다 군집을 이루는 것이 개체의 생존율을 높이는 데 중요하고, 협력이 사회의 전반적인 진화에 필요한 핵심적인 요소라는 결론에 이르렀다.

물론 무리의 크기가 커지면 부정적인 효과도 함께 발생한다.

한정된 먹이를 차지하려고 개체들 사이에 심한 다툼이 일어나고, 짝짓기 대상을 놓고 수컷끼리 과도한 전투를 벌이기 때문이다. 하지만 무리의 크기가 작으면 짝짓기할 대상이 적어서 번식력이 떨어지고, 천적의 공격을 공동으로 막아 내지 못하는 등 문제가 심각해진다.

홍학을 보며 개인보다 조직을 이루어 일하는 인간 사회의 이점을 떠올릴 수 있다. 구성원들의 다양한 아이디어가 섞이는 과정에서 새로운 아이디어가 '창발'된다는 점, 홍학들이 포식자의 위협을 함께 막아 내듯 함께 어려움을 타개한다는 점은 집단의 효용을 다시금 깨닫게 한다. 대개의 경우 집단이 개인보다 똑똑하다. 구성원들의 상호작용을 높이는 것이 집단의 건강과 개인의 행복을 보장한다.

자극은 우리를 움직이게 한다

이번에는 원숭이 우리로 발걸음을 옮겨 보자. 어린이대공원에 있는 원숭이들은 과자를 얻어먹으려고 내내 철망에 매달려 있다. 박수를 치며 이리로 던지라고 하는 놈도 있고, 어떤 놈은 자신에게는 과자를 던져 주지 않는다고 화가 난듯 소리를 지르기도 한다. 끼니마다 충분한 양의 식사를 할 텐데 녀석들은 왜 그렇게 먹는 일에 열을 올릴까?

그 이유는 매우 지루하기 때문이다. 할 일이 아무것도 없기 때문에 과자를 받아먹음으로써 지루함을 해소하는 것이다. 관객이 던져 주는 것이라면 무엇이든 게걸스럽게 입으로 가져간다. 하도 먹어 대서 배의 압력 때문에 질식해서 죽는 곰이 있는가 하면, 어떤 고릴라는 먹었다가 토해 내고 그걸 다시 먹는 일을 되풀이한다. 마치 고대 로마의 귀족들이 깃털로 목젖을 건드려 토하고 또 먹었던 것처럼 말이다.

너무나 지루한 일상 탓인지 고양잇과 동물들도 종종 이상한 행동을 보이곤 한다. 죽은 새나 쥐를 공중으로 높이 던진 후 그것을 쫓아가서 잡아채는 것이다. 마치 살아 있는 먹잇감을 사냥하는 것처럼 말이다. 죽은 먹이를 '날도록' 만들면 살아난다고 믿기 때문이다.

늘어질 대로 늘어진 평탄한 일상은 우리 몸에 무척 해롭다. 자극이 빈곤한 일상은 폭식과 같은 잘못된 자극원原에 탐닉하도록 만들어 비만과 각종 합병증을 유발한다. 고양잇과 동물들이 그러하듯 정신적인 이상을 일으킬 위험도 있다. 그래서 우리에게는 지루한 생활에 악센트accent와 스타카토staccato를 가해 줄 '따갑고 새로운' 자극이 필요하다. 탐식처럼 '익숙한' 자극에 몰두하는 건 타락의 지름길이다. 보다 새로운 자극, 보다 나은 자극, 보다 건설적인 자극을 발견하도록 애써라. 다채로운 색깔로 삶을 물들여라.

일상뿐만 아니라 업무와 비즈니스에서도 마찬가지다. 익숙한 환경과 방식은 안도감과 편안함을 선사하지만 그 이면에는 새로움을 거부하는 '학습된 무기력'이 잠재해 있다. 일부러라도 스스로를 새로운 자극에 노출시키는 한두 번의 시도가 업무와 비즈니스를 풍요롭게 해 줄 것이다.

한산한 평일에 혼자서 동물원을 찾아가 보자. 동물들에게서 인간 본능의 밑바닥을 들여다볼 수 있을 뿐만 아니라, 동물원을 어슬렁거리는 한두 시간이 새롭고 맛있는 자극이 될 것이다.

챌린저호 폭발 사고와
조용한 조직의 한계

"말을 해도 안 통해. 나 혼자 해 봤자 소용없어." 상하 관계가 단절되면 동기와 목표 의식이 사라지고 각각의 구성원과 조직은 경직되고 만다. 챌린저호의 안타까운 사고 는 이를 극명하게 드러낸다. 조직 내 소통이 원활하지 못하면 그 결과는 치명적일 수 밖에 없다.

1986년 1월 28일, 우주 왕복선 챌린저호는 발사된 지 73초 만에 공중에서 폭발하며 승무원 7명의 목숨을 앗아 갔다. 폭발의 직접 적인 원인은 로켓 부스터 내에서 연료 누출을 막아 주는 고무 오 링이 추운 날씨 때문에 갈라져 제대로 기능하지 못했기 때문으 로 밝혀졌다.

사고 후 진상 규명 위원회의 일원으로 참여한 물리학자 리처 드 파인만Richard Feynman이 차가운 얼음물에 클램프로 꽉 조인 고무 오링 샘플을 넣어 시연함으로써 이를 증명한 일화는 매우 유명하다. 하지만 파인만은 자신의 저서를 통해 오링의 문제보다 더 근본적인 원인이 미국 항공우주국NASA 내에 깊숙이 자리잡고 있었기 때문이라고 말한다.[6] NASA는 전형적인 '조용한 조직'이었다.

파인만은 제2차 세계 대전 당시 원자 폭탄 개발을 위한 '맨해튼 프로젝트Manhattan Project'에 참여한 적이 있다. 로버트 오펜하이머Robert Oppenheimer라는 걸출한 물리학자가 개발의 총괄 책임자였고 아직 햇병아리였던 파인만은 작은 모듈의 담당자였다.

©NASA

:: 챌린저호는 시속 3220킬로미터의 속도로 날아 14.5킬로미터 상공에 도달했을 무렵 폭발하고 말았다.

적국인 독일보다 먼저 원자 폭탄 개발을 완료해야 하는 촉박한 일정 때문에 오펜하이머를 중심으로 모든 사람이 극도의 긴장감 속에 일치단결해야 했다. 어떤 부분에서 문제가 발생하면 그것에 직접적인 관련이 있든 없든 모두가 해결책을 제시하려고 전력을 다했다.

원활한 의사소통이 협력의 열쇠

파인만은 NASA 역시 우주선을 달로 쏘아 보내는 과정에서 이와 유사한 일치단결의 분위기가 조성됐으리라 추측했다. 1957년에 소련이 인공위성 스푸트니크를 발사하면서 미국과 소련 간의 우주 개발 경쟁이 촉발됐다. "1960년대가 끝나기 전까지 인간을 달에 올려놓겠다"는 존 F. 케네디 대통령의 유명한 연설은 두 국가 사이의 치열했던 경쟁을 대변한다. 알다시피 미국이 먼저 아폴로 11호의 승무원을 달에 성공적으로 안착시키고 무사히 귀환시킴으로써 경쟁의 승리자가 됐다.

파인만은 챌린저호를 폭발에 이르게 한 문제의 씨앗이 달 착륙 이후에 잉태됐다고 말한다. 우주 개발에서 소련을 앞서기 위해 국가의 전폭적인 지원을 받은 NASA는 어느새 휴스턴, 헌츠

빌, 플로리다 등 여러 기지에 수많은 인력이 상주하는 거대한 조직으로 성장했다. 그러나 달 착륙이라는 지상 목표를 달성한 후 소련과의 경쟁이 무의미해지자 거대한 조직을 이끌고 갈 명분이 약해졌다. 정부가 보기에 우주 개발 계획은 엄청난 예산을 쏟아부을 만한 가치가 있는 사업으로 보이지 않았다.

그래서 NASA의 고위 관리자들은 의회로부터 좀 더 많은 예산을 책정받기 위해 로비에 엄청난 노력을 기울여야만 했다. 기술력보다는 NASA가 왜 존속해야 하고 무엇을 할 수 있는지를 알리는 정치력이 필수 역량이 되어 버렸다. 파인만은 로비 과정에서 기술력에 대한 과장된 홍보가 남발됐으리라 짐작했다. 이를테면 NASA의 고위 관리자들이 "우주 왕복선 한 대로 몇 번이고 비행할 수 있기 때문에 비용이 적게 들 것이다. 결국 달 착륙에 성공했듯이 우주 왕복선 개발도 이룰 수 있다"는 식으로 아직 검증되지 않은 기술의 성공 가능성을 부풀렸다고 파인만은 꼬집었다.

NASA의 엔지니어들은 더 많은 검증과 안전 조치가 필요한 기술을 곧바로 구현하라는 고위 관리자의 명령을 거부했지만 정치적인 힘에 눌려 묵살되었고 챌린저호 발사 프로젝트는 강행되고 말았다. 프로젝트가 진행되는 동안 발생했던 여러 가지 결함이 끊임없이 상부에 보고됐지만 고위 관리자들은 보고를 철저히 무시했다. 의회가 우주 왕복선 프로젝트에 치명적인 기술 문제가 있음을 알아차리면 힘들여 얻은 예산이 철회될지 모른다고 우려했기 때문이다. 엔지니어들은 엔진에 이상이 발생할 확률을 200분의 1 정도라고 판단했지만, 관리자는 10만 분의 1밖에 안 된다고 생각했다. 이것만 봐도 관리자들이 얼마나 현실을 무시하려고 했는지 짐작할 수 있다.

조용한 조직은 조용하게 저문다

자신들의 문제 제기가 매번 묵살당하는 상황을 지켜보던 실무 기술자들은 결국 '될 대로 돼라'는 심정으로 입을 닫았고 윗사람의 지시를 수동적으로 따르는 최악의 의사소통 상태로 치달았다. 바로 이것이 챌린저호가 폭발한 근본적인 이유다. 추운 날씨 때문에 오링이 갈라져 연료가 누출될 경우 제대로 막아 주지 못할 거란 경고가 발사 전에 여러 차례 제기됐지만, 권위로 찍어 누르며 부정적 의견을 거부하는 인간의 심리가 폭발 사고를 예정해 놓고 말았다.

파인만은 "아랫사람들은 실무적인 내용을 가지고 윗사람들과 이야기를 나누려 했지만 의견이 받아들여지지 않자 점점 대화가 줄어들고 결국에는 완전히 없어졌다. 그리하여 윗사람들은 아래에서 일어나는 일을 알 수 없게 됐다"고 정리했다. 이것이 그가 말하는 조직의 '의사소통 단절 이론'이다.

파인만이 꼬집는 의사소통의 문제, 즉 업적 경쟁 때문에 상하 간의 의사소통이 단절되는 문제는 여러 조직에서 쉽게 발견할 수 있다. 부서의 리더들이 최고 경영자에게 자기 부서의 존재 가치를 인정받기 위해 '일을 위한 일'을 수행하고 다른 부서의 업무를 침범하면서까지 자기네 업적을 돋보이게 만드는 경우가 많다면, 직원들은 점점 입을 닫을 것이고 어딘가에 챌린저호 폭발 사고와 같은 리스크가 자라고 있을지 모른다. 리더는 이를 항상 경계해야 할 것이다.

우수한 소수가 평범한 다수를
책임진다는 착각

인간 유전자의 98.5퍼센트를 차지하는 정크 DNA. 얼핏 쓸데없는 것으로 여겨졌던
이 유전자도 성격 발현이나 돌연변이에 영향을 미치는 등의 역할을 담당하고 있다.
여느 조직도 우리의 몸과 같다. 우수한 소수만으로 돌아가지 않는 것이다.

알다시피 이중 나선 모양으로 생긴 DNA는 생리 활동에 필요
한 단백질을 만들어 내는 유전 코드를 담고 있다. 이를 유전자라
고 부른다. 인간 게놈 프로젝트의 결과로 사람의 DNA에는 모두
3만 개 정도의 유전자가 존재하는 것으로 밝혀졌는데, 이 숫자
는 당초 예상치였던 10만 개에 훨씬 못 미치는 것이었다. 만물의
영장이라고 자부하는 인간의 유전자 개수가 겨우 과실파리(1만
3000개)나 선충(1만 8000개)의 2배 수준밖에 안 된다니! 게다가 인
간 DNA의 98.5퍼센트가 단백질 생성이나 조절 작용을 위한 정

보를 전혀 담고 있지 않다니! 과학자들은 당혹스러운 나머지 그런 쓸데없는 DNA 다발에 정크 푸드를 연상시키는 '정크 DNA'라는 냉소적인 이름을 붙였다.

쓸모가 없다면 살아남았을 리가 없다

그런데 정크 DNA는 정말 아무짝에도 쓸모가 없는 쓰레기일까? 흥미로운 사실은 고등 생물일수록 정크 DNA가 많고 세균과 같은 하등 생물에는 거의 없다는 점이다. 이것은 오히려 정크 DNA가 자연 선택이라는 엄격한 테스트를 통해 살아남은, 진화의 산물이라는 증거로 봐야 하지 않을까? 정크 DNA가 자연 선택의 대상이 되지 못할 만큼 쓸모도 없고 살아가는 데 큰 피해도 주지 않기 때문에 그저 몸속에 쌓여 있을 뿐이라고 반박할지 모르겠다. 하지만 속속 발표되는 연구에 따르면 정크 DNA에는 분명 우리가 미처 알지 못하는 무언가가 숨어 있다.

미국 에모리대학교의 유인원연구소와 행동과학연구소는 과학 전문지 《사이언스》에 발표한 논문에서 정크 DNA가 수줍음을 나타내는 성격에 영향을 미치는 요인이라고 주장했다.[7] 그들이 실험 대상으로 삼은 동물은 원래 사회성이 좋아 서로 잘 어울

리기로 유명한 초원들쥐였다. 연구 팀은 유전자 조작을 통해 정크DNA가 짧은 그룹과 긴 그룹을 각각 만들어 낸 다음, 같은 그룹끼리 교배하여 자손들의 행동을 관찰해 보았다. 그 결과 기다란 정크DNA를 가진 그룹의 숫쥐는 처음 보는 쥐에게도 재빨리 다가가 그의 냄새를 맡고 짝짓기를 하며 새끼를 낳은 후에는 양육에 많은 시간을 할애하는 경향을 보였다. 반면, 짧은 정크DNA를 가진 그룹의 숫쥐들은 낯선 쥐와 쉽게 친해지지 못했다. 쓸모없는 것으로 치부했던 정크DNA가 성격 발현에 어느 정도 영향을 미친다는 사실이 밝혀진 것이다.

정크 DNA의 또 다른 역할

신진대사에 필요한 각종 단백질은 DNA에서 곧바로 만들어지는 것이 아니다. 유전 정보가 RNA로 복사된 다음에 RNA의 정보가 번역되어 아미노산이 만들어지고, 아미노산들이 모여 단백질이 합성된다. 미국 하버드대학교의 프레드 윈스턴 박사는 정크DNA가 이웃에 있는 유전자의 발현을 통제하거나 증가시킨다는 것을 발견했다.[8] 또한 442명의 과학자가 참여한 'DNA 백과사전 연구 팀'이 2012년에 정크DNA가 질병을 관장한다는 결과를 내놓기도 했다.[9] 따라서 초원들쥐의 수줍은 성격은 정크 DNA가 짧아서 유전자의 발현과 억제를 제대로 해 주지 못하기 때문으로 추측된다. 인간이 다른 동물들과 달리 사회성, 학습, 발명 등 고도의 능력과 복잡성을 나타내는 까닭은 정크 DNA가 세밀하게 유전자의 발현을 통제하기 때문 아닐까?

정크 DNA는 손상된 DNA를 수선하는 역할도 한다. 미시간 대학교의 니콜라스 길버트Nicolas Gillbert 박사는 인간의 암세포를 배양하는 과정에서 정크 DNA가 동일 염색체상의 끊어진 부분을 찾아다니면서 손상된 부분을 수선한다는 사실을 밝혀냈다.[10] 정크 DNA가 수선 기능을 가지고 있다면, 그것은 정크 DNA가 유전자의 변이에 관여하고 있다고 해석할 수 있다. 생존에 부적합한 환경에 놓였을 때 변이를 통해 진화해야 할 필요가 있는데, 이때 정크 DNA는 돌연변이가 폭발적으로 일어나도록 일종의 촉매 역할을 하는 것은 아닐까?

정크 DNA에 관한 연구 결과가 활발하게 나오고 있지 않지만 위에서 제시한 몇 가지 연구 사례를 보면 정크 DNA에는 뭔가 특별한 것이 있음이 명확하다. 1.5퍼센트를 위해 98.5퍼센트가 존재하는 엄청난 비효율에는 분명 이유가 있다. 정크 DNA가 우리에게 주는 메시지는 겉으로 보기에 비효율적인 것이 꼭 나쁜 것만은 아니라는 점, 오히려 꼭 필요한 것이라는 점이 아닐까?

권위 의식을 벗어던지고
콜레라를 극복한 존 스노

인간의 역사를 살펴보면, 세상의 변화와 사회의 발전을 주도한 이들은 기존의 권위
와 권력에서 벗어나거나 깨뜨리는 것을 주저하지 않았다. 무언가에 얽매이거나 틀에
갇혀 있으면 효율적인 문제 해결이나 혁신은 불가능하기 때문이다.

1854년 8월 영국 런던의 브로드 가에서 발생한 콜레라는 불과
열흘 만에 반경 200미터 이내에 살던 주민 중 500명 이상의 목숨
을 앗아 갔다. 콜레라는 19세기에 가장 흔한 질병 중 하나였다.
비브리오 콜레라라는 원인균이 인체 내에 침입하면 6시간~5일
간의 잠복 기간을 거친다. 이후 환자들은 과도한 탈수 증상을 보
이고 그중 50~70퍼센트가 사망에 이르게 된다. 하지만 그때처
럼 국지적으로, 급속도로 확산된 경우는 유례가 없었다.[11]

알다시피 콜레라는 공기가 아니라 물에 의해 전염되는 수인

성 전염병이지만, 당시의 과학자들은 별다른 증거 없이 나쁜 냄새가 콜레라를 일으킨다는 '독기론毒氣論'을 주장했다. 그러나 단 한 사람, 존 스노John Snow만은 예외였다.

그는 대담하게 공기가 아니라 물이 콜레라균의 매개체라는 가설을 세웠다. 그가 이런 가설을 세우게 된 이유는 당시에 민영화된 여러 수도 회사가 가정 폐수와 산업 폐수로 오염된 템스강에서 아무런 정화 장치 없이 물을 끌어다 가정에 공급했기 때문이다. 그는 독기론을 반박하고 콜레라 예방법을 발견하기 위해서 나쁜 냄새가 아니라 분뇨로 오염된 물을 먹을 때 콜레라에 걸린다는 증거를 찾아야 했다. 그러려면 모든 집을 방문하여 어떤 수도 회사로부터 물을 공급받는지 일일이 확인하고 물이 얼마나 오염됐는지 파악해야 했다.

독기론이 우세하던 시절에는 전염병이 우글거리는 곳에 발을 들이는 것 자체가 자살행위를 의미했다. 만일 독기론이 옳다면 콜레라가 창궐하는 지역의 공기를 들이마시기만 해도 병에 걸릴 것이 뻔했다. 하지만 그는 자신의 가설을 믿고 매일 조사 작업에 열중했다.

마침내 그는 콜레라에 걸린 아기의 기저귀를 세탁한 물이 마을의 공동 펌프에 스며들었고 그 펌프에서 나온 물을 마신 마을 사람들이 동시다발적으로 콜레라에 전염됐음을 입증했다. 펌프를 중심으로 콜레라 사망자가 집중적으로 분포했기 때문이다. 스노의 입증은 나중에 로베르트 코흐Robert Koch의 콜레라균 발견으로 이어졌고 덕분에 상수원의 염소 소독과 콜레라 예방 접종이 시행될 수 있었다.

책임감과 희생으로 깨뜨린 권위 의식

콜레라 연구에 뛰어들기 전 스노는 에테르와 클로로포름을 마취제로 사용하는 방법을 실용화했다. 저널리스트인 볼프 슈나이더 Wolf Schneider가 "전신 마취술은 전화나 컴퓨터의 발명보다 뛰어난 문화사적 발전이었다"라고 말할 정도로 그것은 위대한 업적이었다.[12] 스노는 수많은 사람을 수술의 고통에서 해방시킴으로써 영국 왕족으로부터 최고의 명의임을 인정받았다. 그는 빅토리아 여왕이 네 번째 아들을 출산할 때 마취약을 써서 '무통 분만'을 성공시키기도 했다.

그의 위대함이 빛나는 이유는 높은 지위의 사람이라면 으레 가질 만한 "내가 그렇게까지 해야 돼?"라는 권위 의식을 스스로 깨뜨리고 신속히 원인 파악에 나섰다는 점이다. 그는 신발에 흙을 묻히며 전염병의 한복판으로 뛰어들어 면밀한 실증을 위해 자신의 목숨을 걸었다. 전염병에 걸렸다는 사실을 감추려는 주민들의 비협조적인 태도, 복잡하게 얽힌 수도 배관, 수많은 독기론자의 비아냥을 이겨 내며 죽음의 땅을 뛰어다니고 콜레라 확산 과정을 일일이 지도에 그렸다. 그런 그의 모습은 우리를 숙연케 한다.

스노의 업적은 감히 대들 수 없을 것 같은 모든 권력과 권위를

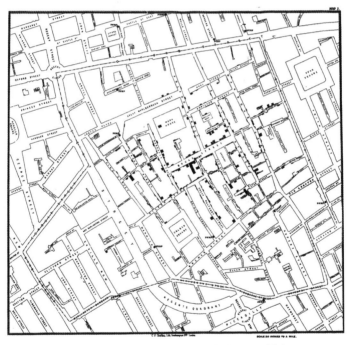

:: 존 스노가 직접 그린 지도. 콜레라 발생 지점을 검은색으로 표시했다.

차가운 머리로 의심해 보라는 교훈을 전한다. 최고 권력자든, 종교든, 신념 체계든 대상이 누구라도 도전하라. 권위를 벗어던지고 권위에 도전하는 사람이야말로 자기 자신과 사회를 혁신시킬 수 있다.

세상의 주장과 다르다고
틀린 것은 아니다

발전은 그 자체로 곧 변화다. 그러므로 변화를 두려워하거나 지양하면서 발전을 도모하는 건 난센스다. 갈릴레이, 뉴턴, 아인슈타인이 그랬던 것처럼 기존의 권위에서 벗어나 바라보면 '이상한 말과 아이디어' 속에서 얼마든지 '혁신'을 찾을 수 있다.

과학사를 들춰 보면 기존의 학문 체계에 도전했다가 곤욕을 치른 인물들의 이야기를 자주 접할 수 있다. 대표적인 인물이 천동설을 부정하고 지동설을 주장한 갈릴레오 갈릴레이다. 막강한 교회 권력은 그를 신의 권위에 도전하는 이단자로 매도하고 목숨까지 위협했다. 영원히 침묵할 것을 맹세하지 않았더라면 그는 단두대의 이슬로 사라졌을 것이다.

교회로 대표되는 시대정신은 갈릴레이가 오랜 기간 연구 끝에 정립한 이론의 옳고 그름에는 아무런 관심이 없었다. 오로지 관심의 초점은 그가 얼마나 이단적인 생각을 품었는가 하는 것이었다. 그들에게 갈릴레이는 진리의 창시자가 아니라 그저 불온한 이단자에 불과했다.[13]

이단이냐 아니냐의 여부는 '밈meme'에 반하느냐 동조하느냐에 따라 결정된다. 밈은 진화생물학자인 리처드 도킨스Richard Dawkins가 주창한 개념으로 사상, 선전 문구, 옷의 패션, 건축 양식 등 한 사회 내에 문화적으로 동질성을 갖는 요소들을 일컫는다.[14] 도킨스는 밈이 마치 유전자처럼 사람과 사람 사이에 전달되면서 다음 세대로 복제되고 매우 이기적인 특성을 지녔다고말한다. 성질이 다른 밈을 가진 사람이 고유의 영역을 침범하면거의 반사적으로 연대를 강화하여 공격을 가하고 심할 경우 잔인하고 폭력적인 행동을 서슴지 않는다. 교회 권력이 갈릴레이에게 가한 위협 역시 밈의 잔혹한 특성 때문이다.

퇴적물만큼 단단한 석유 기원 가설

갈릴레이의 경우처럼 목숨을 위협받는 상황까지는 아니더라도, 밈의 꾐 때문에 과학의 발전이 정체에 빠진 사례는 아주 많다. 천문학자 토머스 골드Thomas Gold는 석유가 지구의 맨틀에서 자연스레 만들어지는 것으로 생물과는 아무런 관계가 없다는 이색적인 주장을 펼쳤다.[15] 석유를 구성하는 탄화수소가 생물이 존재하지 않는 곳에서도 발견되기 때문이라는 게 그의 논지였다. 하지만 오래전에 살던 동물들이 죽은 뒤 그 위에 긴 시간 동안 퇴적물이 쌓이고 높은 압력과 열을 받아 부패되면서 석유가 만들어졌다는 학설이 확고한 믿음을 형성하고 있는 상황에서 그의 이론과 주장은 많은 전문가의 비웃음을 샀다.

그러나 2009년 카네기연구소는 맨틀에 존재하는 3가지 물질을 혼합하고 맨틀의 온도와 압력을 가하는 실험을 통해 석유와 천연가스의 주성분인 메탄이 다량 산출된다는 사실을 발견했다.[16] 그것은 골드의 이론이 맞을 수도 있음을 뒷받침하는 것이었다. 하지만 그는 2004년 6월에 이미 세상을 떠난 상태였다.

그는 석유의 기원에 대한 이론 이외에도 평생 남들의 비웃음을 살 만한 주장을 펼친 것으로 유명하지만, 그의 생각은 대개 옳은 것으로 판명됐다. 학계의 믿음이 그의 아이디어를 진지하게 수용하고 검증했더라면 과학의 진화는 속도를 더했을 것이다. 아니, 적어도 엉뚱한 길에서 헤매지는 않았을지 모른다.

틀을 깨야 더 높이 도약할 수 있다

밈의 편협함이 과학의 발전을 종종 저해했듯이 사회나 조직의 밈 역시 발전에 스스로 뒷다리를 걸기도 한다. 사회는 시간이 지날수록 문화적 동질성을 구축해 가며 고유의 밈을 형성한다. 조직의 밈은 구성원의 연대를 강화하고 목표에 집중케 하는 순기능을 가지고 있지만, 자신의 아성에 도전장을 내미는 자가 있다면 내부인이든 외부인이든 상관하지 않고 가차 없이 처벌을 가하려는 냉혹하고 불합리한 면도 지녔다. 조직과 사회의 발전을 위해 마찰을 각오하면서까지 옳은 주장을 펼치더라도 그런 충심은 수용되기는커녕 무시되거나 축출되기 십상이다.

그러나 이단을 수용할 때 발전과 도약이 가능함을 수많은 사례가 증명한다. 아인슈타인이 뉴턴의 결정론적 우주관을 뒤엎는 상대성 이론을 정립했듯이 과학의 도약은 대개 이단적 발상을 통해 이루어졌다. 조직과 사회도 이와 같다. 사회 혁신의 동력은 기존의 권위에 도전하는 충심 어린 이단자들로부터 나옴을 기억해야 한다.

영국의 시인 존 밀턴John Milton은 르네상스를 화려하게 꽃피운 이탈리아의 영광이 순식간에 몰락한 결정적 원인은 바로 갈릴레이를 영원히 침묵하게 만든 것이라고 간파했다. 변화에 저항하며 달콤하게 속삭이는 자들을 물리치고 '이상한 말'에 귀를 기울이라는 충고다. 용기 있는 이단자들을 포용하고 그들을 활용하라. 그것이 지속 가능성을 만드는 지혜임을 명심하자.

타인과 비교하고
손익을 따지는 건 인간의 본능

상대방과 나, 저쪽과 우리를 비교하는 것은 인간의 본성이다. 하지만 이러한 비교를
통해 어떤 이는 자신의 부족한 부분을 깨닫고 발전의 계기로 삼는가 하면, 어떤 이는
한없이 쪼그라든다. 기왕에 비교를 피할 수 없다면 우리가 지향해야 할 지점은 분명
하다.

컨설팅을 하기 위해 직원들과 인터뷰를 하다 보면 "나름대로 열
심히 일했는데도 불구하고 그에 상응하는 보상을 받지 못하고
있습니다"라고 말하는 사람을 반드시 만나곤 한다. 반면, 본인이
받는 연봉이 자신의 능력에 비해, 혹은 남들에 비해 많다는 이야
기는 들을 수가 없다.

이처럼 사람들은 언제나 자신과 남을 비교한다. '내가 남보다
무엇이 못한가'라는 능력의 비교가 아니라 '내가 남보다 무엇을
손해 보고 있는가'를 끊임없이 계산하는 특징을 지니고 있다. 이

것은 진화를 통해 우리 인간의 DNA 속에 깊게 내장된 생존의 본능 때문이다. 진화적으로 우리의 친척이라고 말할 수 있는 원숭이들은 어떨까?

원숭이도 비교하는 동물이다

원숭이들에게 조약돌을 준 다음 오이를 보여 주면 원숭이들은 조약돌을 인간에게 돌려 줘야 오이를 받아먹을 수 있다는 걸 금방 배운다. 영장류학자 사라 브로스넌Sarah Brosnan과 프란스 드 발Frans de Waal은 흰목꼬리감는원숭이 2마리에게 이런 실험을 실시했다.[17] 처음에는 2마리 모두에게 조약돌을 건네받은 대가로 오이를 주었다. 그러다가 한 원숭이에게는 포도를 주고 다른 원숭이에게는 계속 오이를 주면서 불공정한 거래를 해 보았다. 당연히 당분이 많은 포도가 오이보다 맛있는 음식이다.

오이만 받아먹던 원숭이는 동료가 자신보다 훨씬 좋은 음식으로 보상받는 것을 보고는 화가 났다. 그러다가 갑자기 게임을 중단하고 조약돌뿐만 아니라 평소 좋아하는 오이까지 내던져 버렸다. 이 실험 결과는 '사회적 비교'가 인간의 본능에 해당된다는 점을 시사한다. 과학 저술가인 맷 리들리Matt Ridley의 말처럼

"인류는 강박적이라고 할 정도로 평등주의에 사로잡혀 있으며 이런 경향은 인류가 수렵 채집 사회를 이루며 생활하던 시절로부터 이어져 내려온 뿌리 깊은 것"[18]이다.

멋쟁이와 꾀죄죄 군의 사회적 비교 실험

1960년대 후반에 실시된 고전적인 심리 실험 역시 인간의 '사회적 비교'가 얼마나 뿌리 깊은지 보여 준다. 심리학자 스탠 모스 Stan Morse는 실험 참가자들에게 설문지를 작성해 달라는 단순한 요청을 했다.[19] 참가자들이 설문지를 절반 정도 완성했을 때 늦게 온 참가자처럼 보이는 A가 방으로 들어와 설문지를 작성하는 모습을 목격했다. 모스는 중간에 방으로 들여보낼 A의 외모를 각각 다르게 꾸몄다. 첫 번째는 눈에 띄게 깔끔하고 이지적인 외모로 보이게 했고, 두 번째는 더러운 옷차림에 악취까지 풍기도록 했다.

"'멋쟁이' 혹은 '꾀죄죄 군'을 보면 자존감에 어떤 변화가 생길까?"가 모스의 의문이었다. 참가자의 자존감을 측정하는 질문을 설문지 앞부분과 뒷부분에 집어넣고 A가 방으로 들어오기 전과 후 답변이 어떻게 달라졌는지 살펴보았다. 그 결과 예상한 대로 '멋쟁이'를 보면 자존감이 감소하고, '꾀죄죄 군'을 보면 자존감이 상대적으로 올라갔다. 자신보다 나은 사람을 보면 '상향 비교' 때문에 자존감이 떨어지고, 자신보다 못하다고 생각하는 사람을 볼 때는 '하향 비교'로 인해 자존감이 올라가는 것이다.

그런데 이 실험의 백미는 따로 있다. 모스는 참가자들을 '멋쟁이'에 가까운 우월한 특징을 가진 그룹과 '꾀죄죄 군'과 비슷하게 열등한 특징을 가진 그룹으로 구분하여 똑같은 상황을 연출했다. 그랬더니 '꾀죄죄 군'과 비슷한 참가자들은 '멋쟁이'가 등장할 때 자존감의 하락폭이 컸고 '꾀죄죄 군'이 들어온 후에는 자존감이 상승했다. 자기 스스로 열등하다고 느끼는 사람일수록 사회적 비교에 더욱 민감하다는 뜻으로 볼 수 있다.

반대로 '멋쟁이'와 비슷한 참가자들은 '꾀죄죄 군'이 들어오든 말든 자존감의 변화가 거의 없었는데, '멋쟁이'가 등장한 후에는 오히려 자존감이 상승했다. '멋쟁이'와 자신을 비교하면서 자신의 우월성을 확신했기 때문으로 보인다.

요즘 국내에서 가장 많이 팔리는 차종은 중형급이 아니라 그보다 큰 준대형급이다. 도로가 좁고 주차 면적도 비좁은 마당에 이렇게 큰 차를 선호하는 기현상이 벌어지는 것은 사회적 비교 때문이 아닐까 추측해 본다. 사회적 비교에 휩쓸리면 자신이 감당할 수 있는 비용보다 더 큰 비용을 지출할 위험이 있다. 타인

과 비교하기보다 자신의 현재를 자신의 과거와 비교함으로써 좀
더 나은 삶을 추구하는 것이 좋지 않을까?

큰가시고기에게서 배우는
리더의 역할

이제 막 리더가 되었다면, 혹은 여전히 리더의 역할에 대해 고민하고 있다면 큰가시고기의 생태를 들여다보자. 목소리를 높이는 것보다, 선두에 서는 것보다 중요한 것이 무엇인지 배울 수 있다.

큰가시고기라는 이름의 물고기가 있다. 이 물고기는 크기가 작은 탓에 포식자들에게 잡아먹히기 딱 좋다. 그래서 큰가시고기는 생존을 위해 단독으로 행동하지 않고 무리를 지어 다니는 습성이 있다. 이렇게 무리를 지어 움직이다가 정면에 이상한 물체가 나타나면 그것이 포식자인지 확인하기 위해 무리 중 한 마리가 앞으로 나선다. 이러한 행동은 무리 전체의 안전을 위해 잡아먹힐 위험을 감수하거나 기꺼이 자신의 목숨을 바치는 이타적인 모습으로 보인다.

그런데 총대를 멘 물고기의 이타성이 과연 순수한 희생정신에 기반한 것일까? 큰가시고기의 습성에 흥미를 느낀 동물행동학자 맨프레드 밀린스키Manfred Milinski는 한 가지 실험을 수행했다.[20] 그는 유리로 된 기다란 수조에 한 마리의 큰가시고기를 넣고서 유리벽 너머에 덩치가 큰 다른 종의 물고기 한 마리를 풀어놓았다. 그런 다음, 수조 바깥에 거울을 나란히 설치했다. 밀린스키가 거울을 수조와 평행하게 놓으니 큰가시고기는 포식자를 탐색하기 위해 앞으로 나섰다. 하지만 거울을 포식자 쪽으로 약간 비스듬히 설치하면 앞으로 나아가길 주저했다. 왜 그랬을까?

뭐든지 나 한 번, 너 한 번

큰가시고기는 거울에 비친 자신의 모습을 동료 물고기로 착각한다. 그래서 거울을 평행하게 놓으면 포식자 물고기를 향해 동료와 함께 다가간다고 여긴다. 하지만 거울을 포식자 쪽으로 비스듬히 설치하면 동료(실은 거울에 비친 자기 모습)가 자신보다 한발 뒤에서 따라온다고 생각한다. 큰가시고기는 자기가 한 번 앞으로 나가면 다음에는 동료가 앞서 나가길 기대한다. 헌데 자신만 계속 앞장을 서고 있으니 불안을 느낀 나머지 포식자 물고기에게 접근하기를 주저하고 만다. "내가 이번에 용기를 보여 줬으니 다음에는 네 차례야. 그런데 왜 앞으로 나가질 않아?"라고 말하는 듯하다. 큰가시고기의 본능 속에는 "이번에 내가 베풀면 다음에는 네가 베풀어야 해"라는 '상호 호혜주의'가 자리 잡고 있다고 밀란스키는 말한다.

시드니대학교의 애슐리 워드Ashley J. W. Ward 교수 역시 큰가시고기를 대상으로 재미있는 실험을 진행했다.[21] 그는 커다란 직사각형 모양의 수조에 플라스틱으로 만든 큰가시고기 모형을 넣은 후 진짜 큰가시고기들과 한동안 같이 두었다. 앞에서 언급했듯 큰가시고기는 동료 물고기가 앞으로 나아가면 같이 따라가는 습성이 있는데, 워드는 그런 습성이 무리의 크기에 좌우된다는 점에 주목했다. 워드가 큰가시고기 2마리를 수조에 넣고 모형 물고기를 앞으로 나아가도록 했더니 2마리 모두 모형 물고기를 따라갔다. 하지만 무리의 수가 4~8마리가 되면 절반 정도만 모형 물고기를 따라가는 모습이 관찰됐다.

앞으로 나아가는 행동은 큰가시고기의 세계에서는 일종의 '설득 행동'에 해당한다. 워드는 많은 수의 물고기를 설득하려면 더 많은 증거를 보여 줘야 한다는 가설을 세우고 또 한 번의 실험을 실시했다. 그는 무리의 수를 4~8마리로 둔 상태에서 모형 물고기를 한 마리 더 넣었다. 그런 다음 2마리의 모형 물고기를

:: 큰가시고기의 세계에서 한발 나서는 것은 동료들을 설득하는 행동이다.

동시에 앞으로 나아가게 했더니 모든 큰가시고기가 모형 물고기들을 따라갔다. 무리의 크기가 클수록 앞으로 나아가는 물고기, 즉 "앞으로 같이 나아가자"라고 설득하는 물고기 수가 많아야 한다는 것을 알 수 있었다.

목소리만 높인다고 리드할 수 있는 게 아니다

워드는 후속 실험에서 20센티미터짜리 가짜 포식자 물고기를 수조 한쪽에 놓은 다음, 그 포식자를 향해 모형 큰가시고기를 움직였다. 진짜 큰가시고기들을 딜레마에 빠뜨리려는 속셈이었다. 앞으로 나아가면 포식자에게 잡아먹힐지 모르고, 그렇다고 가만히 있자니 무리로부터 이탈되기 때문에 혹시나 있을지 모를 다른 포식자의 표적이 되기 쉬워지는 상황이었다.

예상대로 큰가시고기들은 무리의 규모가 2마리일 경우, 모형 물고기를 따라갈 때도 있었고 아닐 때도 있었다. 개체 수를 늘렸더니 거의 모두가 모형 물고기를 따라가지 않았다. 포식자 물고기라는 압박 상황에 놓이자 큰가시고기들이 보수적으로 변한 것 같았다. 이때 워드가 모형 물고기를 2~3마리로 늘리자 처음에는 나아가길 망설였던 큰가시고기들이 모형을 따라가는 행동을 보이기 시작했다. 이것은 포식자의 위협이 존재하면 "함께 나아가자"로 설득하는 '행동 대장'의 수가 많아야 한다는 점을 의미한다.

큰가시고기 실험이 인간 세상에 주는 시사점은 무엇일까? 회사와 같이 여러 사람이 모인 집단에서 리더가 "변화하자!"라고 아무리 목소리를 높여도 그를 따르는 사람이 별로 없으면 구성원들을 변화에 동참시키지 못한다. 포식자 물고기와 같은 외부 환경의 위협이 커지면 리더의 목소리는 더욱 초라해지고 만다. 집단의 회피 본능을 극복하고 구성원들을 하나로 모아 한 방향

으로 나아가게 만드는 것이 리더가 할 일이니, 리더란 참으로 쉽
지 않은 역할이다.

현명한 결정을 위해
올바른 인과관계 파악하기

상관이 있다고 인과관계가 적용되는 건 아니다. 똑똑한 사람이 욕을 잘한다고 해서 욕을 하면 똑똑해지는 게 아닌 것처럼 말이다. 이러한 착각과 오류는 우리가 의사 결정을 할 때 반드시 경계해야 할 부분이다.

언어학자 크리스틴 L. J.Christine L. J.는 어휘력 측정을 위해 참가자들에게 'F, A, S'로 시작하는 단어를 가능한 한 큰 목소리로 빨리 말하도록 지시했다.[22] 이어서 욕설에 해당하는 단어도 똑같이 해 보라고 요청했다. 그랬더니 'F, A, S'로 시작하는 단어를 많이 댄 참가자일수록 욕설 단어도 많이 말하는 경향이 발견되었다. 흔히 어휘력이 부족해서 욕설을 많이 내뱉는다고 여기는 사람들의 생각이 틀렸음을 드러내는 결과였다.

이 실험 결과 자체는 별 흠이 없다. 하지만 이 이야기가 그 후

언론을 통해 이상하게 와전되어 퍼진 것이 문제였다. 《조선일보》의 2016년 8월 4일자 기사는 이 연구 내용을 "똑똑한 사람일수록 욕을 잘한다"는 타이틀로 전했다. 일단 어휘력이 지적 능력을 대표하는지부터 의심스럽기 때문에 지나친 확대 해석이 아닐 수 없다. 하지만 여러 독자가 이 기사를 SNS에 퍼 나르면서 "욕을 잘 구사하면 똑똑해지겠네"라고 해석했다는 점이 더욱 흥미롭다. 상관관계를 인과관계로 해석하려 드는 게 인간의 일반적 심리가 아닐까 생각될 정도다.

그래서 그런 게 아니라고?

진화생물학자 스티븐 제이 굴드Stephen Jay Gould는, 상관관계를 인과관계로 오인해서 벌어진 재미난 사례를 소개했다.[23] 모 통계학자가 미국의 술주정꾼 검거 건수와 침례교 목사의 수 사이에 상관관계가 있는 걸 발견했다. 풀어 말하면, 술주정꾼이 많아질수록 목사의 수가 늘어나는 패턴이 있었던 것이다.

통계학자는 "술주정꾼이 많아져서 그들을 계도하려고 목사가 많아졌다"라고 결론을 내렸다. 여러분은 이 주장이 말이 된다고 생각하는가? 아마 얼토당토않은 이야기라고 여길 것이다. 술주정꾼과 목사 수가 함께 증가한 원인은 그저 미국의 인구가 증가했기 때문이다.

우리는 술주정꾼과 목사의 수 사이에 인과관계가 있다는 주장이 엉터리라는 걸 잘 알면서 왜 욕을 잘하는 것은 똑똑함의 원인이라 생각하려고 드는 걸까?

여러 연구를 살펴보면 유난히 '똑똑함'에 관한 논문이 많고 발표되자마자 으레 신문 기사로 게재되곤 한다. "똑똑할수록 늦게 잔다" "똑똑할수록 술을 더 많이 마신다" "똑똑할수록 책상이 지저분하다"라는 식의 기사를 어디선가 본 듯하지 않은가? 아마 똑똑할수록 생존 가능성이 높다는 믿음이 우리의 DNA 속에 뿌리 깊이 박혀 있기 때문일 것이다.

어쨌든 그런 연구 결과들이 '무엇무엇 할수록 무엇무엇 하다'라는 식으로 상관관계를 조사한 거라면 '무엇무엇 하면 무엇무엇 해진다'라는 인과관계로 해석하지 않도록 '의식적으로' 노력해야 한다. 특히 한 조직의 의사 결정권자라면 더욱 명심해야 한다. 정치나 비즈니스에서 잘못된 판단을 하게 되면 술주정꾼과 목사의 수 관계를 오인한 통계학자처럼 웃음거리가 되는 것에서 그치지 않기 때문이다.

3가지를 충족해야 비로소 원인이 될 수 있다

그렇다면 어떤 때 인과관계가 있다고 말할 수 있을까? 영국의 철학자 존 스튜어트 밀John Stuart Mill은 인과관계의 성립 조건 3가지를 모두 만족해야 한다고 했다. 첫 번째 조건은 '원인이 결과보다 시간적으로 먼저여야 한다'는 것이다. "비가 오면 땅이 젖는다"처럼 당연한 말이지만 이는 엄연한 성립 조건 중 하나다.

하지만 시간적으로 앞서 일어났다고 해서 무조건 결과의 원인은 아니다. 예를 들어 이런 이야기가 있다. 프로펠러 비행기를 처음 본 A가 "왜 프로펠러가 있지?"라고 묻자 B는 "조종사의 땀을 식혀 주기 위해서야"라고 답했다. A가 말도 안 된다며 믿지 않자 B가 이렇게 주장했다. "전에 프로펠러가 고장 난 비행기를 봤는데, 조종사가 엄청나게 땀을 흘렸어."

금세 B의 주장이 엉터리라는 걸 알아차렸을 것이다. 비행기에 프로펠러가 달린 것은 분명 앞선 일이지만 조종사가 땀을 흘리지 않는 것의 원인은 아니기 때문이다.

두 번째 인과관계 성립 조건은 두 사건 사이에 상관관계가 있어야 한다는 것이다. 하지만 이것만 가지고는 불충분하다고 이미 앞에서 밝혔다. 가장 중요한 것이 바로 '다른 설명은 배제되어야 한다'는 세 번째 조건이다. 어떤 결과의 원인이 되려면 그

것이 결과를 설명하는 유일한 것이어야 한다는 뜻이다. 목사 수의 증가라는 결과가 술주정꾼 증가로만 설명되어야 둘 사이의 인과관계를 인정할 수 있다.

똑똑해지고 싶은가? 그렇다면 욕을 하거나 지저분하게 책상을 쓰는 것보다 더 나은 방법이 하나 있다. 조회 수를 늘리려고 자극적인 제목을 단 뉴스 기사들을 읽고 인과관계의 성립 조건을 따져 보면 똑똑해지는 데 도움이 될 것이다.

비효율적인 것이
무조건 나쁜 건 아니다

100개의 톱니바퀴가 맞물려 돌아가는 장치처럼 치밀한 구조가 적합한 조직이 있는
가 하면, 자율과 무질서와 비효율의 경계가 모호할수록 효과적인 조직도 있다. 그러
므로 우리 조직이 어느 쪽에 알맞을지 파악하는 것이 우선이다.

내가 다녔던 대학교는 언덕 위에 강의동이 있었고 그 아래 넓은
네모꼴의 잔디밭이 언덕을 이루고 있었다. 학생 식당은 언덕 아
래에 위치했는데, 점심 식사를 하러 가기 위해서는 잔디밭 테두
리를 빙 돌아서 계단을 내려가야 했다. 하지만 그렇게 가면 동선
이 2배 이상 길어졌다. 나를 포함한 학우들은 가까운 길을 멀리
돌아가는 게 불편함을 넘어 부당하다고까지 생각했고, 자연스럽
게 잔디밭 귀퉁이를 가로질러 다니기 시작했다. 뻔히 보이는 계
단을 빙 돌아서 가는 건 바보 같았다.

처음에는 학생들도 조심스럽게 건넜지만 사람이 지나간 흔적이 짙어지자 점점 거리낌이 없어졌다. 어느새 잔디밭에는 샛길이 생겨 버렸다. 푸르던 잔디가 죽고 보기 흉하게 흙길이 드러난 것이다. 학교 측에서는 미관을 위해 잔디밭 주위로 울타리를 쳤지만 간단하게 넘어 다닐 수 있었기 때문에 별 소용이 없었다. 급기야 점심 식사를 하러 가는 학생들이 잔디밭을 횡단하지 못하도록 교무처장이 직접 단속하는 일이 벌어졌다.

세상은 우리의 생각보다 좁다

그런데 잔디밭을 가로질러 가는 일이 잘못된 것일까? 무질서한 것처럼 보이지만 오히려 효율적인 행동은 아닐까? 수학자이자 사회학자인 덩컨 와츠Duncan Watts는 질서 정연한 겉모습을 갖췄다고 해서 효율적인 것은 아니라고 말한다.[24] 머릿속으로 바둑판을 그려 보라. 그리고 한쪽 꼭짓점 A에서 대각선 건너편의 꼭짓점 B까지 이동한다고 생각해 보자. 와츠는 바둑판에 대여섯 개의 지름길을 그려 넣으면 A에서 B까지 이동하는 단계가 극적으로 줄어드는 효과를 컴퓨터 시뮬레이션을 통해 보여 주었다. 그는 네트워크의 크기와 관계없이 5개 정도의 임의적인 지름길만

놓으면 네트워크의 평균 경로 길이를 절반으로 줄일 수 있다는 사실을 밝히기도 했다.

와츠의 시뮬레이션은 심리학자 스탠리 밀그램Stanley Milgram 이 제시한 '6단계 분리 이론'을 뒷받침한다.[25] 밀그램은 캔자스와 네브래스카에 사는 여러 사람에게 편지를 보내, 편지의 내용물을 보스턴에 사는 자기 친구에게 보내 달라고 부탁했다. 하지만 친구의 주소는 알려 주지 않은 채 오직 이름과 직업만 적어 보냈다. 편지를 받은 사람들은 밀그램의 친구를 알 만한 사람들에게 편지를 전달하기만 하면 되는 것이었다. 밀그램은 그런 식으로 몇 단계 만에 자기 친구에게 편지가 전달되는지 알아보았는데 놀랍게도 평균 5.5단계밖에 걸리지 않았다.

밀그램의 실험은 6단계만 거치면 전 세계의 인구가 연결되는 '좁은 세상'에 살고 있다는 것을 보여 준다. 사람들의 네트워크는 질서 정연한 바둑판 모양이 아니기 때문이다. 다양한 사람이 여기저기를 옮겨 다니며 자연스럽게 관계를 맺기 때문에 실제의 네트워크는 바둑판 위에 지름길들이 여러 개 놓인, 조금은 무질서한 모양이 될 수밖에 없다.

그러므로 잔디밭에 샛길이 생겼다면 이는 자연스러운 행동의 결과라고 이해하는 마음이 필요하다. 차라리 보기 좋도록 자갈을 깔고 샛길 양옆에 관목이나 꽃을 심는 게 낫다. 그런 조치가 잔디밭을 가로질러 다니지 못하도록 단속하는 것보다 지혜로운 조치다. 아니면 잔디밭을 조성할 때 사람들이 어떠한 모양의 샛길을 만들지 예상하여 처음부터 아예 포장된 샛길을 잔디밭 중간에 내는 것이 좋을 것이다. 물리학자 더크 헬빙Dirk Helbing은 그것이 가능하다는 것을 간단한 수학적 규칙에 따른 컴퓨터 시뮬레이션을 통해 증명했다.[26]

비효율적인 것은 과연 나쁜가?

"뇌와 침대 매트리스의 공통점은 무엇일까요?" 뇌 과학자 마이클 콘래드Michael Conrad는 과학 저술가 재닌 베니어스Janine Benyus와 인터뷰를 할 때 이런 질문을 던졌다. 콘래드는 우물쭈물하는 베니어스에게 이렇게 말했다.

"우리는 침대 매트리스에서 스프링 하나를 빼내도 아직 많이 남아 있기 때문에 그것을 알아차리지 못합니다. 뇌도 마찬가지죠. 뇌에도 무엇인가가 많이 중복돼 있기 때문에 일부분이 고장이 나도 잘 작동합니다." 우리 뇌는 비효율적이기에 오히려 안전하다는 것이다.[27]

바둑판처럼 질서 정연한 조직이 곧 효율적인 조직이라고 믿는 사람이 많다. 정치학자 척 세이블은 "수직적 조직 구조가 모든 조직에 일반화되고 일종의 신념처럼 정착된 것은 경제 원리상 조직의 보편적인 형태이기 때문이 아니라, 산업 혁명 당시 학자들에 의해 가장 합당한 형태의 조직 구조로 제안되었기 때문이다"라고 말한다.[28] 그 당시 환경에 맞게 제시된 조직 구조가 아직까지 가장 효율적인 것으로 사람들에게 인식되고 있다는 점은 아이러니가 아닐 수 없다. 바둑판 같은 조직에 일부러 약간의 무질서를 권장함으로써 효율을 높이는 방법을 연구하는 것이 지혜로운 조직 운영임을 기억해 두자.

'메기 효과'라는
거짓말 혹은 낭설

비즈니스와 자기계발 분야에서 자주 인용되는 이야기들, 특히 동물의 생태를 다룬 이야기들 중 몇몇은 과학적 근거가 없거나 자의적으로 틀린 해석이 덧붙여져 있다. 이런 낭설에 속지 않으려면 과학적으로 따지고 비판적으로 가려듣는 노력이 필요하다.

영국의 역사가 아놀드 토인비Arnold Toynbee가 애용했다는 '메기 효과'라는 말이 있다.[29] 메기 효과란, 메기 한 마리를 미꾸라지 어항에 넣으면 미꾸라지들은 메기를 피해 다니느라 움직임이 많아져서 메기가 없을 때보다 더 건강하고 오래 산다는 말이다. 안락한 환경에 안주하는 것보다 적절한 긴장감을 가져야 더욱 분발하여 성공을 거둘 수 있다는 뜻으로 자주 쓰인다. 스웨덴의 가구 회사 이케아가 국내에 매장을 연 후 국내 가구 기업들이 큰 타격을 받을 거라던 예상이 빗나가고 오히려 매출이 크게 상승

한 사실은 기자들이 자주 쓰는 메기 효과의 사례다.[30]

그러나 메기 효과는 과학적으로 전혀 증명된 바가 없는 이야기다. 포식자가 존재하면 먹이 동물은 건강해지기는커녕 오히려 치명적인 영향을 받는다. 이스라엘 네게브 사막에 사는 도마뱀은 천적인 때까치가 하늘을 맴돌면 확실히 움직임이 둔해진다. 좋아하는 먹이를 찾으러 다니기보다 주변에서 쉽게 구할 수 있는 작은 먹잇감에 만족하니 생기가 떨어질 수밖에 없다.[31]

과학적 근거가 없는 우화와 낭설

잠자리 애벌레를 포식 물고기인 블루길bluegill 옆에서 키우는 연구도 있었다. 잠자리 애벌레와 블루길 사이에는 칸막이가 있어서 직접적인 위험이 되지 않음에도 불구하고 애벌레의 사망률은 블루길이 없을 때보다 4배나 높았다. 포식자로 인한 스트레스가 면역 약화를 야기했기 때문이다.[32] 토인비는 대체 어느 문헌에서 메기 효과 이야기를 본 것일까?

자기계발 강사들이 즐겨 사용하는 소위 '독수리의 창조적 파괴'라는 우화는 또 어떤가? 이 우화는 이렇게 전개된다. "일반적으로 독수리는 30년 가까이 살면 더 이상 사냥이 어려워져서 죽느냐 사느냐의 갈림길에 선다. 이때 독수리는 아무것도 먹지 않은 채 두껍고 무뎌진 부리를 스스로 깨뜨린다. 그리고 새로운 부리가 돋아나면 구부러진 발톱도 뽑아내어 몸을 완전히 탈바꿈한다. 이렇게 환골탈태한 독수리는 그 후 40년을 더 산다."

새로운 삶을 얻으려면 뼈를 깎는 혁신을 감행해야 한다는 의미로 인용하는 사람들에게는 미안한 말이지만, 독수리는 절대 자기 부리를 깨뜨리는 위험천만한 행동을 하지 않는다. 독수리의 수명은 동물원에서 살 때나 40년을 넘길 수 있고, 야생에서는 20~25년밖에 되지 않는다. 부리를 깨뜨리고 발톱을 뽑는 등 자해 행위를 감행하는 대형 동물은 거의 없다. 부리가 깨지거나 발톱이 빠지면 먹이를 사냥하지 못해 그냥 죽을 뿐이다.

매우 유명하지만 괴담에 가까운 이야기를 해 보자. "개구리를 끓는 물속에 던져 넣으면 바로 뛰쳐나온다. 하지만 찬물에 넣고 온도를 서서히 올리면 물이 끓을 때까지 헤엄치다가 어느 순간 배를 뒤집고 삶아져서 죽는다"는 이야기 말이다. 현실에 안주하다가 망한다는 의미로 기업 경영이나 자기계발 분야에서 약방의 감초처럼 등장하는 우화다.

이제부터 '끓는 물 속 개구리' 이야기를 하면 창피를 당할 수 있으니 조심하기 바란다. 이것 역시 낭설이기 때문이다. 끓는 물에 개구리를 던지면 근육이 바로 익어서 빠져나오고 싶어도 그러지 못한다. 반면 미지근한 물에 넣고 온도를 서서히 올리면 삶아지기 전에 개구리는 기어 나온다. 오클라호마대학교의 빅터 허치슨Victor Hutchison이 실험으로 증명했다.[33] 변화에 능동적으로 대처하라는 말이 잘못됐다는 게 아니다. 하지만 과학적 사실이 아닌 걸 주장의 근거로 삼아서야 되겠는가?

제멋대로 해석은 자기 혼자서만 간직하자

과학적으로 전혀 증명되지 않은 이야기들이 유포되고 확대 재생산되는 일은 SNS 때문에 더욱 빈번한 듯하다. 2011년 채든 헌터라는 사진가가 캐나다 우드버펄로 국립공원에서 일렬종대로 이동하는 늑대 무리를 카메라에 담았다. 그리고 이 사진은 2015년 12월 17일, 페이스북에 이렇게 공유되었다. "앞서가는 3마리는 늙거나 아픈 늑대인데 그놈들이 무리의 페이스를 결정한다. 안 그러면 행군에서 낙오하기 때문이다. 하지만 공격당할 경우에는 희생양이 되어 무리 전체를 구하는 효과가 있다. 반면 우두머리는 행렬 맨 뒤에서 따라오는데 그래야 무리 이동의 방향을 결정하고 적의 공격을 대비할 수 있기 때문이다."[34]

그럴듯한 이야기다. 하지만 당초 이 사진을 최초로 알린 BBC

의 다큐멘터리에서는 맨 앞의 늑대를 리더 격인 '알파 암늑대'라고 지적했다. 늙고 병든 늑대가 선두에 선다는 말은 전혀 없었다. 더욱이 생태학자 데이비드 미치David Michie는 1999년 논문을 통해 늑대 무리에는 인간의 기준에 부합하는 그런 우두머리는 존재하지 않는다고 주장했다.[35] 그러니 페이스북의 최초 유포자가 사진을 제멋대로 해석한 게 틀림없다.

동물로부터 배우는 삶의 지혜는 날조된 것들이 많다. 그러므로 가져다 쓰려면 과학적으로 증명됐는지 검증 후에 쓰면 어떨까? 말 못 하는 동물이라고 인간 마음대로 해석하고 재단해서는 곤란하다.

약육강식의 세계에서
발견하는 협력의 가치

집단 선택 가설에 의하면 다른 개체나 공동체를 위해 자신을 희생하거나 동료들끼리 서로 힘을 합치는 이타적 행동을 많이 하는 집단일수록 생존 확률이 높다고 한다. 이는 약육강식의 법칙이 지배하는 자연계뿐만 아니라 비즈니스에서도 마찬가지다.

우리는 흔히 동물의 왕국을 보며 약육강식의 치열한 쟁탈전을 연상하곤 한다. 다른 종과의 투쟁에서 살아남아야 자신의 유전자를 널리 퍼뜨릴 수 있으며 같은 종 내에서도 우월한 유전자가 그렇지 못한 유전자를 누르고 승리하는 것이 종의 안녕을 보장하는 바람직한 일이라고 생각한다. '경쟁은 좋은 것'이고 더욱 강화해야 할 가치라고 목소리를 높인다. 그러나 겉으로는 경쟁과 투쟁이 난무하는 듯 보이는 동물의 세계를 가까이에서 들여다보면 경쟁보다는 협력의 양상이 더 많이 나타난다. 그 예는 헤

아릴 수 없이 많지만, 어찌된 일인지 많은 사람이 적자생존이니 이기적 유전자니 하는 개념에 경도되어 협력 역시 생명의 본성임을 외면한다.

조직을 위해서 나를 희생하는 아메바

'딕티오스텔리움 디스코이데움Dictyostelium discoideum'이라고 불리는 아메바는 특이한 행태를 보인다.[36] 박테리아를 먹고 사는 아메바는 박테리아가 풍부할 때는 각 개체가 단독적으로 살다가 먹이가 부족해지면 근처에 있는 다른 아메바에게 신호를 보내 결집하기 시작한다. 아메바가 하나둘 모여 수천, 수만 마리에 이르면 끈적끈적한 모양의 집합체를 이룬다. 그러고는 집합체를 형성한 아메바 중 약 20퍼센트 정도가 자발적으로 죽는다.

이들은 먹이가 부족해지면 왜 집합체를 형성하는 걸까? 왜 그중 20퍼센트는 자발적인 죽음을 택하는 걸까? 죽어 버리면 자신의 유전자를 퍼뜨릴 기회가 사라지는데 왜 다른 개체의 삶을 위해 자신을 희생하는 걸까?

죽은 아메바들은 딱딱하게 굳어서 2밀리미터의 줄기를 형성하면 살아 있는 아메바들은 이 줄기를 타고 올라가서 옆을 지나가는 곤충들의 몸에 달라붙을 수 있다. 곤충들의 몸을 타고 먹이가 풍부한 곳으로 이주하기 위해서다. 죽은 아메바들은 동료 아메바들이 곤충이라는 '기차'를 타고 멀리 떠날 수 있도록 스스로 '플랫폼'이 되어 주는 셈이다. 자기희생을 기반으로 한 놀라운 협력이다.

아메바는 단세포 동물이고 하등 동물이라서 다른 개체를 위해 자신을 희생하는 '손해 보는 장사'를 하겠거니 생각할지 모른다. 하지만 아메바는 인간을 포함한 고등 동물의 본능을 형성하

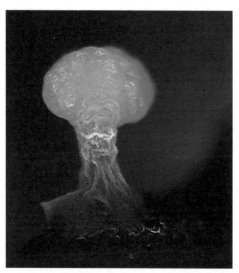

:: 아메바는 형태가 일정치 않은 단세포 생물이지만 수만 개체가 모여 군집을 이룰 수 있다.

는 '원형'이기에 무시를 받을 대상이 아니다. 몇몇 학자는 경쟁과 투쟁으로 아메바의 자기희생을 설명하려고 애쓰지만 억지로 끼워 맞춘다는 느낌을 지울 수 없다. 그들은 생명이 애초부터 협력을 기반으로 진보해 왔음을 애써 무시한다.

적에 맞설 가장 강력한 무기는 협력

생명의 본성이 경쟁이 아니라 협력임은 아메바에 비해 고등한 동물이라 여겨지는 조류에서도 발견된다. 동물행동학자 인드리키스 크램스Indrikis Krams는 얼룩무늬딱새를 대상으로 한 관찰 실험을 통해 포식자의 위협이 동료와의 협력을 강화시킨다는 사실을 밝혔다.[37] 크램스는 딱새 새끼가 태어난 지 열흘째 되는 날에 2개의 딱새 둥지 사이에 올빼미 인형을 가져다 놓고 두 둥지 중 한쪽을 향하게 했다. 올빼미의 위협을 받는 딱새 부부와 '옆에 이웃한 딱새 부부'가 어떻게 행동하는지 살펴보기 위해서였다.

관찰 결과, 이웃 딱새들은 위협받는 딱새들과 합심해 포식자(올빼미 인형)를 공격했다. 포식자에게 접근하는 거리도 차이가 없었다. 크램스는 이 실험이 끝나고 1시간 후에 다시 두 둥지 사이에 올빼미 인형을 놓되 이번에는 그 방향을 전과 반대로 함으로써 올빼미의 위협을 받았던 딱새 둥지와 이웃 둥지의 입장을 바꿔 놓았다. 딱새가 도움을 받았던 것에 어떻게 보답하는지 살펴보기 위해서였다. 그랬더니 딱새들 중 80퍼센트가 보답하는 모습을 보였다. 크램스의 관찰 실험 결과는 포식자의 위협이 팽팽한 긴장감을 형성할 때 동물들은 이웃과 기꺼이 협력하려는 의지를 가지는 것을 보여 준다. 그렇게 협력하면 개체가 안게 될 리스크를 줄이고 생존에 도움이 된다는 점을 본능적으로 안다는 뜻이다.

그렇다면 인간은 어떤가? 심리학자 펠릭스 바르네켄Felix Warneken과 마이클 토마셀로Michael Tomasello는 생후 17~18개월 정도의 유아 24명을 대상으로 여러 가지 간단한 과업을 수행했다.[38] 그들은 어른 남자가 일부러 펜이나 빨래집게를 떨어뜨리고 손이 안 닿는 척하거나, 양손에 물건을 가득 들고 있어서 캐비닛 문을 열지 못하는 척하거나, 또는 책을 쌓다가 실수로 책을 쓰러뜨렸을 때 유아들이 어떤 행동을 보이는지 관찰했다.

모두 10가지의 과업을 수차례 실험한 결과, 유아들은 10회 시도할 때마다 5.3회꼴로 남자를 도와주는 행동을 보였다. 또한 분석해 보니 24명 중 22명의 유아가 적어도 한 번 이상 남자를 도왔다. 개인별 차이가 있긴 했지만 어떤 유아가 항상 남을 돕는지, 또 어떤 유아가 절대로 남을 돕지 않는 이기적인 성격을 지넜는지 구분하기는 어려웠다. 협력은 인간의 본성 중 하나임을 시사하는 결과다.

우리는 외부에서 위협이 가해져 오면 구성원들이 합심하고 공동으로 대응하려 한다는 점을 잘 알고 있다. 그런데도 여전히 많은 사람이 구성원들의 '내부 경쟁'을 강화해야 사회의 '경쟁력'이 향상된다는 사고방식에 사로잡혀 있다. 그래서 시험은 어려워지고 기업에서 요구하는 스펙은 하늘 높은 줄 모르고 치솟는다. 유튜브에는 미국인과 영국인들이 한국의 대학 수학 능력 시험 중 영어 영역 문제를 보면서 "무슨 말인지 하나도 모르겠다" "난이도가 지나치게 높다"고 꼬집는 동영상이 많다.[39] 경쟁을 신봉하는 데 드는 사회적 비용이 이제 극에 달했다는 증거가 아닐까? 협력도 경쟁만큼이나 생명체와 개인, 조직과 사회에 이로운 것임을 깨달아야 할 것이다.

옛날 물건을 소유할수록 내가 특별해지는 이유

왜 사람들은 빈티지에 열광할까? 복고가 유행하는 현상 이면에는 단순히 '좋았던 시절, 과거로의 회기' 이상의 의미가 있다. 남들과는 다른 선택과 소비를 통해 특별한 나를 추구하고 싶은 인간의 본성이 바로 그것이다.

나는 요즘 빈티지 물건의 매력에 흠뻑 젖어 있다. 이 글을 쓰는 동안에도 모차르트의 실내악이 1958년에 생산된 진공관 라디오에서 흘러나오고, 책상 한 켠에 놓인 1989년산 매킨토시에는 벽돌 깨기 게임이 실행되고 있다. 내 손목에는 중학생 때 누구나 차고 다니던 카시오 전자시계가 오전 10시 48분을 가리킨다.

주말에 동묘나 황학동 골목을 돌다가 괘종시계, 전화기, 주판 같은 옛날 물건들을 발견하면 "아, 맞아! 그때 이런 물건을 썼었지"하며 반가운 마음이 들고 동시에 강력한 '지름신'이 강림하게 된다.

왜 제법 많은 사람이 옛날 물건들을 좋아할까? 성능이나 만듦새로 따지자면 요즘 물건들이 훨씬 뛰어난데도 왜 수십 년 지난 물건을 보면 "정말 예뻐!" 감탄사를 연발하고 소유하고픈 욕망이 샘솟는 걸까? 혹시 옛날 물건의 디자인이 요새 것들보다 뛰어나기 때문은 아닐까? 예전에는 제조 기술이 발달하지 않아서 디자인을 담아내는 데 제약이 많았지만, 요즘은 상황이 달라져서 기이한 디자인을 상대적으로 마음껏 구사할 수 있기 때문에 특별히 옛날의 디자인이 더 '예뻤다'라고 일반화할 수는 없다.

이보다 가능성이 높은 가설은 '물건에 얽힌 추억이 마음을 움직이기 때문'일 것이다. 얼마 전에 나는 이베이Ebay를 통해 서른여섯 살 먹은 워크맨을 '득템'하고 얼마나 기뻤는지 모른다. 중학교 1학년 때 허리춤에는 워크맨을, 머리에는 헤드폰을 끼고 자전거를 내달리던 장면이 머릿속에서 영화처럼 흘렀기 때문에 도저히 사지 않고는 견딜 수 없었다. 과거로의 시간 여행은 옛 물건이 주는 매력임에 틀림없다.

하지만 제3의 가설도 충분히 설득력이 있다. 바로 '오래된 물건이 나와 타인을 차별화하는 수단'이라는 것이다. 2명의 소비심리학자가 웨이터로 변장하고서 손님들로부터 맥주를 주문받는 실험을 진행했다. 맥주는 에일, 라거, 페일에일, 바바리안 서머 등 4종류였는데, 웨이터는 손님들에게 각 맥주의 맛과 특징을 설명한 다음 주문을 받았다.

이때 주문 방식을 달리했는데 한쪽 테이블에서는 손님들이 차례로 맥주를 주문하는 통상적인 방법을 적용했다. 앞의 사람이 어떤 맥주를 주문했는지 뒤의 사람이 알 수밖에 없는 조건이었다. 반면 다른 쪽 테이블에서는 누가 어떤 맥주를 주문했는지 알 수 없도록 메모지에 적어 주문하도록 했다.

심리학자가 주문 결과를 비교하자 아주 큰 차이가 발견되었다. 자신의 주문 내용을 남들이 다 아는 상황일 때는 같은 맥주를 주문하는 경우가 적었고, 종이에 적어서 주문할 때는 겹치는 맥주가 많았다. 나의 선택이 다른 사람에게 노출될 때는 가능한 남들과 같은 선택을 하지 않고 다르게 보이고자 하는 '차별화 경향'이 발견된 것이다. 정통경제학에서는 재화의 품질과 가격을 보고 살 것인지 말 것인지를 결정한다고 가정하지만, 실제로 우리의 구매 행태는 알게 모르게 남의 선택에 크게 좌우된다. 이처럼 많은 사람이 가진 물건일수록 구매 욕구가 떨어지는 현상을 경제학에서는 '스놉snob 효과' 혹은 '속물 효과'라고 부른다.[40]

스놉 효과가 빈티지 물건을 추구하는 욕구와 어떤 관련이 있을까? 디자인과 성능을 자랑하는 첨단 제품들은 언제든지 살 수 있을 정도로 흔하고 이미 많은 사람이 소유하고 있다. 또 오늘 산 물건이 내일이면 구닥다리라 여겨질 정도로 기술의 발전 속도가 빠르기 때문에 물건을 통해 남들과 다른 나를 드러내려면 돈도 돈이거니와 항상 촉각을 곤두세워야 하니 머리가 아프다.

이때 빈티지 물건은 차별화를 위한 아주 좋은 수단이다. 어쩔 수 없이 낡고 고장이 나 버려지기 때문에 옛 물건의 희소성은 시간이 흐를수록 높아진다. 게다가 잘 관리된 물건은 가격이 계속 오르니 일석이조다. 남들이 다 가진 첨단 오디오보다 지글거리는 진공관 오디오 소리가 더 사랑스러운 까닭이다. 돈이 좀 든다는 게 유일한 단점이라 변명해 본다.

적응과 진화를 포기하면
도태될 뿐이다

개인이든 조직이든 변화와 도전이 중요하다는 건 잘 알지만 실천하기는 어렵다. 현상 유지가 주는 안정감도 크지만 무엇보다 '생존'에 얼마나 도움이 될지 확신할 수 없기 때문이다. 하지만 끊임없는 자기 혁신과 적응이야말로 최고의 생존 전략임을 우리는 자연에서 배울 수 있다.

모든 생물은 진화한다. 누가 뭐래도 진화의 힘이 존재하지만 우리가 그 위력을 느끼지 못하는 이유는 진화의 속도가 아주 느리기 때문이다. 그러나 인간에 비해 한 세대를 지나는 기간이 매우 짧은 박테리아의 세계에서는 진화가 일어나는 모습을 보다 쉽게 관찰할 수 있다.

암컷이 6센티미터, 수컷이 3센티미터 정도로 작은 물고기인 거피Guppy 역시 진화의 양상을 관찰하기에 좋은 생물이다. 수컷 거피의 몸에는 화려한 무늬가 많고 색채 또한 다양해서 관상용으로 주로 사육된다. 하지만 화려한 색채는 포식자의 눈에 자주 띄도록 만들기 때문에 생존에는 불리한 요소다.

존 엔들러John Endler라는 생물학자는 일부러 거피에게 '선택압Selection Pressure'을 가하면 화려한 무늬가 어떻게 변하는지 알고자 했다.[41] 그는 서로 다른 18곳에서 거피를 각각 채취하여 자신이 만든 온실 내 인공 연못에서 6개월 동안 키웠다. 6개월이란 시간은 거피 입장에서는 상당히 긴 시간인지라 인공 연못 안에서는 그동안 여러 세대가 지나갔다. 엔들러는 이렇게 사육한 거피들을 격리된 10개의 연못으로 분리시킨 다음, 그중 4개의 연못에는 시클리드Cichlid라 불리는 포식자 물고기 한 마리를 넣어 거피와 함께 살도록 했고, 다른 4개의 연못에는 리불루스Rivulus라 불리는 물고기 6마리를 함께 넣었다. 리불루스는 부유물을 먹고 살기 때문에 거피에게 아무런 해를 끼치지 않는 물고기다. 그리고 나머지 2개의 연못에는 거피들만 살게 했다.

엔들러는 6개월, 11개월, 20개월 시점에 각 연못에서 여러 마리의 수컷 거피를 추출하여 몸에 있는 점의 숫자를 세어 봤다. 그랬더니 시클리드(포식자 물고기)와 같이 자란 거피의 점 개수가 점점 줄어드는 패턴이 발견되었다. 반면, 해를 끼치지 않는 리불루스와 함께 자란 거피와 자기네끼리 자란 거피의 몸에서는 점의 개수가 전보다 증가했다. 포식자 시클리드 한 마리의 존재로 인해 20개월 동안 몸의 점이 사라지는 진화가 일어났고 그 과정이 포착된 것이다.

엔들러는 인공적 조건을 조성했기 때문에 이런 결과가 나왔을지 모른다고 의심하여 야생에서 사는 거피들을 관찰하기로 했다. 결과는 어땠을까? 그는 시클리드와 같이 살던 거피 100여 마리를 리불루스만 서식하는 냇가로 옮겼다. 2년이 지나 그 냇가를 다시 찾은 엔들러는 거피 몸에 있는 점의 개수가 평균 10개에서 13개로 증가된 것을 발견했고, 몸 색깔도 전체적으로 화려해졌음을 관찰할 수 있었다. 진화의 힘이 거피로 하여금 화려한 몸으로 암컷을 유혹하여 얻는 유전적 이득과, 포식자에게 잡아먹히는 유전적 손실 간의 균형을 찾아가며 생존이라는 지상 목표를 달성케 만든 것이다. 이처럼 포식자의 출현이라는 변화에 따라 신속하게 진화 프로세스를 작동하는 거피의 '적응'은 생태계에서 찾아볼 수 있는 보편적인 법칙이다.

고인 물과 우물 안 개구리

거피의 적응과 진화로부터 우리는 무엇을 배울 수 있을까? 생존을 이어 가는 생명체의 비결이 부단히 환경 적응을 시도하는 데 있듯이 우리 역시 끊임없이 변화를 시도하고 환경에 적응해야 한다. 하나의 방법이 먹혀들지 않더라도 계속해서 여러 방법을 실험하고 또 실험해야 한다. 과거에 먹힌 방법이라 해도 요즘 세상에서는 효과를 발휘하지 못하는 경우가 많다. 그런 '과거의 성공 경험'에 사활을 거는 행동은 생존 아니면 절멸이라는 판돈을 놓고 벌이는 도박과 같으며 '한탕 전략'이 나오기 전까지는 행동을 유보하겠다는, 매우 보수적인 태도다.

잽을 날리며 결정타를 탐색하는 아웃복서처럼 여러 개의 '돌연변이 방법'을 실행하고, 다시 다른 방법을 구상하는 것이 환경 적응의 전략이며 생태계의 기본 생존법이다. 직전에 날렸던 잽의 실패로부터 교훈을 얻으며 적합성이 증명된 방법에 집중하는 방식이 환경 변화에 적응하고 오히려 변화를 이끌어 가려는 자의 올바른 마인드다.

조직도 마찬가지다. 진화를 거부하는 기업, 옛날의 달콤한 환경을 그리워하는 기업, 모두를 한 번에 제압할 최고의 전략만을 꿈꾸는 기업, 그러면서 정작 아무것도 하지 않는 기업들이 의외로 많다. 1980년대의 IBM이 대표적인 회사라고 말할 수 있다. 당시 IBM은 시대를 선도하는 첨단 기업의 위치를 점하고 있었으나 오히려 그런 위상이 진화의 걸림돌이 되었다. 의사 결정은 매우 느렸고 제품 출시는 늘 일정을 넘기기 일쑤였다. 오죽하면 회사 내부에서 "IBM이 제품을 내보내는 것이 아니라, 제품들이 기다리지 못해 탈출하는 것이다"라는 말까지 나돌 정도였다.

진화를 거부하는 개인과 조직은 생태계에서 제일 먼저 도태될, 겉모습만 화려한 거피 같은 존재일지 모른다. 지구에 존재했던 수많은 종種들 중 97퍼센트가 절멸한 것처럼 생태계의 역사 속으로 사라지지 않을까? 적응하지 않으면 적응당한다.

모순과 반대를 극복한
갈릴레이의 결정적 실험

우리의 일상에서 '모순된 상황'과 '반대되는 상황'을 구분하기는 쉽지 않다. 하지만 의사 결정에 있어서 중요한 것은 이 두 상황을 구분하는 게 아니라 명확한 분석과 판단으로 사전에 두 상황을 피하거나 아예 없애는 것이다.

컨설팅 일을 하다 보면 고객사의 직원들로부터 상반되는 의견을 접하는 경우가 많다. 어느 날, 누군가와 인터뷰를 했는데 상대는 불만스러운 표정으로 "CEO가 총애하는 직원은 A밖에 없다"라고 말했다. 나는 이 말을 수첩에 메모하고 다음 날 또 다른 직원과 이야기를 나눴다. 헌데 그는 "CEO가 예뻐하는 직원은 B뿐이다"라고 말하는 게 아닌가? 나는 누구의 말이 옳은지 갈피를 잡을 수 없었지만, 있는 그대로 고객사 임원에게 전하며 그의 생각을 물었다. 임원은 이맛살을 찌푸리고는 "이것 참, 모순되는 의견이네요"라며 곤혹스러워했다. 순간 그의 말에서 튀어나온 '모순'이라는 단어가 마음에 걸렸다. '모순이라고? 모순은 아닌데……."

모순과 반대의 차이

많이 알려져 있듯이 '모순'이란 단어는 창을 뜻하는 '모矛'와 방패를 뜻하는 '순楯'이 더해진 말로 중국 초나라 때의 고사에서 유래한다. 그 고사 속 상인은 이렇게 떠들어 댔다. "이 창으로 말씀드릴 것 같으면, 제 아무리 두껍고 튼튼한 방패라도 여지없이 뚫어 버리는 괴력을 지닌 창입니다요. 에 또, 이 방패로 말씀드리자면, 세상의 모든 창을 능히 막아 내는 방패다, 이겁니다. 자, 애들은 가라. 어른들만 보시오. 무슨 방패든 다 뚫어 버리고, 무슨 창이든 다 막아 내는 방패를 구경들 하시오!" 말이 끝나자 구경꾼 한 사람이 끼어든다. "그럼 이 창으로 이 방패를 찌르면 어떻게 되오? 앞뒤가 안 맞잖소, 이런 사기꾼 같으니."

이 이야기로 비춰 볼 때 '모순이다'라는 임원의 판단은 옳을까? 조금 어려운 말이지만 논리학에서는 모순의 정의를 이렇게 말한다. "2개의 진술이 동시에 참일 수도 없고 동시에 거짓일 수도 없다." 창이 모든 방패를 뚫고, 방패가 모든 창을 막아 낸다는 2개의 진술은 동시에 참일 수도 없고 동시에 거짓일 수도 없기에 모순이다.

하지만 "CEO가 총애하는 직원은 A밖에 없다"와 "CEO가 예뻐하는 직원은 B뿐이다"는 모순이 아니라 '반대'다. 반대는 논리학에서 이렇게 정의된다. "2개의 진술이 동시에 참일 수는 없지만 동시에 거짓일 수는 있다." 만약 CEO가 진짜로 총애하는 직원이 C라면, 두 진술은 동시에 거짓이 되기 때문에 두 진술은 엄밀히 말해서 서로 반대인 것이다. 따라서 모순이라고 말한 임원의 생각은 틀렸다.

모순을 허용하지 않는 결정적 실험

두 진술이 서로 모순일 때 무엇이 옳은 진술인지 알려면 어떻게 해야 할까? 구경꾼이 제안했듯 창으로 방패를 실제로 찔러 보면 어느 말이 맞는지 증명할 수 있다. 과학에서는 이를 '결정적 실험'이라고 부른다. 이 말은 17세기의 과학자이자 경험주의 철학자였던 프랜시스 베이컨Francis Bacon이 사용한 용어다. 상당히 어렵고 난해한 의미를 지닌 말 같지만 알고 보면 매우 단순한 개념이다. 실험 결과가 나오면 "꼼짝 마!"라며 누구도 왈가왈부하지 못하도록 일시에 상황을 정리할 수 있는 실험을 말한다.

결정적 실험의 대표 사례는 갈릴레이의 물체 낙하 실험이다. 갈릴레오 갈릴레이가 피사의 사탑에서 실시한(이곳이 아니라는 설도 있음) 실험은 과학에서 실험이 얼마나 중요한지 일깨우는 과학 혁명의 발화점이었다. 갈릴레이는 "두 물체의 무게가 달라도 동일한 속도로 낙하한다"는 가설을 주장했다. 하지만 당시 사람들은 무거운 물체가 가벼운 물체보다 빨리 떨어진다는 아리스토텔레스의 이론을 신봉했다. 아리스토텔레스는 물체가 땅으로 떨어지는 이유는 우주에서 정당한 자기 위치를 찾아가기 때문이고, 물체가 하늘로 날아가는 이유는 물체 앞에 있던 공기가 물체 뒤로 순식간에 자리를 이동하기 때문이라는, 지금 생각하면 황당하기 그지없는 이론을 내세웠다. 그가 죽은 후 2000년이 지난 중세 시대에도 그의 이론은 사람들의 사고방식을 지배했다.

갈릴레이가 정말 공개적으로 낙하 실험을 실시했는지, 그 장소가 피사의 사탑이었는지 역사학자들 사이에서 논란이 분분하다. 하지만 실험을 중심으로 하는 과학 혁명의 시작이었다는 점은 의심의 여지가 없다. 우리가 과학을 해야 하는 이유는 이런 모순을 없애기 위해서가 아닐까?

'야근'이라는 독과
'잠'이라는 보약

밤잠을 줄여 가며 무작정 오래 책상에 앉아 있다고 해서 성적이 오르거나 보고서가
완성되지 않는다. 왜냐하면 잠이 부족한 뇌는 술을 마신 상태와 비슷하기 때문이다.
너무도 당연한 얘기지만 충분한 휴식과 집중이 효율을 높일 수 있는 비결이다.

직장인들은 정시 퇴근은커녕 밤 10시가 넘도록 책상을 지켜야
하는 날이 비일비재하다. 취업 포털 사이트인 '잡코리아'와 '알
바몬'이 직장인을 대상으로 실시한 설문 조사에서 51.5퍼센트가
정시 퇴근을 못 하고 야근을 하는 것으로 나타났다.[42] 이렇게 매
일 야근을 지속하다 보면 당연히 수면 부족에 시달릴 수밖에 없
다. 어느 조사에서 직장인들의 평균 수면 시간은 권장 수면 시간
보다 2시간 정도 적은 6시간 6분밖에 되지 않는데, 가장 큰 이유
는 야근이라고 추측된다.[43]

야근 때문에 적게 자면 신체적으로 어떤 문제가 발생할까? 심리학자 킴벌리 펜Kimberly Fenn 박사는 실험 참가자들에게 2개씩 짝지어진 단어 쌍을 외우도록 했다. 그런데 중간에 잠을 자지 않은 참가자들은 숙면을 취한 참가자들에 비해 자신이 외웠던 단어 쌍을 잘 기억해 내지 못했다.[44]

잠자는 동안에도 두뇌는 쉬지 않고 정보를 처리하기 때문에 수면이 기억력에 이득이 되면 됐지, 절대 손해가 아니다. 실제로 학교에서 B학점 이상을 받는 학생들은 C학점 이하를 받는 학생들보다 평균적으로 25분을 더 잔다는 조사 결과도 있다.

삼성서울병원의 주은연 박사가 건강한 20대 남성 5명을 대상으로 실시한 '24시간 수면 박탈 실험' 결과도 흥미롭다.[45] 참가자들은 24시간 동안 잠을 자지 않은 채 인지 기능 평가를 받았는데 문제의 난이도가 높아질수록 오답률이 급증했고, 특히 고난도 문제에 대해서는 수면 박탈 전보다 오답률이 62퍼센트나 높아졌다. 4시간을 자면 붙고 5시간을 자면 떨어진다는 소위 '4당 5락' 이란 말은 이제 '4락 5당'으로 바뀌어야 한다. 물론 5시간도 충분한 수면 시간은 아니지만 말이다.

수면 부족은 음주와 같다

하버드의과대학의 수면의학 교수인 찰스 차이슬러Charles Czeisler
는 수면 부족을 음주 운전에 비유한다. "24시간 동안 한숨도 자
지 않거나 일주일 동안 하루에 4~5시간밖에 자지 않으면, 혈중
알코올 농도 0.1퍼센트에 해당하는 신체 장애가 나타난다."[46] 혈
중 알코올 농도 0.1퍼센트면 법적으로 운전면허 취소 처벌에 해
당하는 수치다. 과중한 업무로 인해 야근을 밥 먹듯 하는 직원이
있다면 그는 일주일 내내 면허 취소 처벌 수준에 해당하는 술을
마시고 있는 것이나 다름없다. 그도 그럴 것이 병원 인턴의 경우,
24시간 동안 쉬지 않고 일하면 자신도 모르게 메스나 주삿바늘
로 스스로를 찌를 확률이 61퍼센트나 증가하고, 자동차 충돌 사
고를 일으킬 확률이 168퍼센트나 높아지며, 일촉즉발의 상황을
발생시킬 가능성이 무려 460퍼센트나 증가하기 때문이다.[47]

그래도 야근을 하면 더 오래 일하니까 생산성이 높아지지 않
을까? 그러나 심리학자 데이비드 와그너David Wagner는 야근이 생
산성을 저해하는 주범이라고 말한다.[48] 그는 96명의 학생들이 잠
을 자기 전에 수면 상태를 모니터링할 수 있는 팔찌를 차도록 했
다. 다음 날 아침, 와그너는 학생들에게 대학교수직에 지원한 사
람의 42분짜리 강의 동영상을 보여 주고 컴퓨터로 그 사람의 강

의 능력을 평가하도록 했다. 평가에 사용한 컴퓨터는 인터넷에 연결되어 있었기 때문에 학생들은 동영상을 보며 언제든지 웹 사이트를 곁눈질할 수 있었다. 그 후 학생들의 집중도를 분석했더니, 전날 밤에 잠을 많이 못 잤거나 수면의 질이 떨어지는 학생일수록 인터넷으로 딴짓을 많이 한다는 결과가 나왔다.

수면 부족이 두뇌를 많이 사용해야 하는 일을 회피하게 만들고 인지적 부담이 덜 가는 방향으로 유도함으로써 전반적으로 생산성을 떨어뜨렸던 것이다. "잦은 야근이 비록 피곤할지언정 결과적으로 생산성을 높이고 성과를 향상시킬 것이다"란 세간의 통념은 옳지 않다. 오히려 잦은 야근은 생산성을 갉아먹는 벌레인 셈이다.

수백억 원짜리 시스템보다 가치 있는 낮잠

직원들을 정시에 퇴근시켜 휴식과 숙면을 취하도록 하는 것이 생산성에 훨씬 이득이 된다. 피치 못할 사정으로 야근한 직원이 있다면 낮잠을 잘 시간을 주는 것도 생산성을 빨리 회복하기 위한 좋은 방법이다. 이는 미국 항공우주국NASA의 마크 로즈카인드Mark Rosekind 박사와 미국 연방항공국FAA이 공동으로 추진한 실험에서 알 수 있다.[49] 야간 비행 임무를 수행하며 평균 26분 동안 낮잠을 잔 조종사들은 각성 테스트의 평균 반응 시간이 16퍼센트 빨라진 반면, 낮잠을 자지 않고 각성 테스트를 받은 조종사들은 반응 시간이 34퍼센트나 느려졌다. 야근이 야근을 부르는 악순환의 고리를 끊음으로써 생산성의 질을 제고하는 조치가 수백억 원짜리 시스템을 들여오는 일보다 훨씬 가치 있음을 보여주는 결과다.

차이슬러는 음주, 흡연, 성희롱 등에 관한 기준만 마련할 것이 아니라 수면에 관한 행동 기준도 명확히 설정하고 이를 준수해야 한다고 조언한다. 되도록 하루에 12시간 이상 근무하지 않도록 하고 절대로 16시간 이상 연속으로 근무하는 일은 없어야 한다. 하루에 11시간 이상은 필히 휴식을 취하고 일주일에 52시간 이상 근무하는 것도 지양해야 한다. 그는 "일주일에 100시간씩 일하게 하면서 충분한 수면을 취하지 못하도록 하는 회사 문화를 정당화할 수는 없다"고 꼬집는다. 요즘 사람들은 스마트하게 일하려고 노력한다. 하지만 첨단 기기와 시스템이 스마트한 업무 환경을 보장하지는 않는다. '야근 철폐'와 '충분한 수면 보장' 만큼 스마트한 전략도 없다. '야근은 축복'이라는, 전혀 스마트하지 않은 발상은 이제 그만두어야 할 때다.

합리적 판단을 방해하는
우연의 확률

인간은 우연의 일치를 불편하게 여긴다. 하지만 확률적 가능성을 무시하고 직감에
의지하는 태도는 우리로 하여금 잘못된 판단을 하게 만든다. 확률적으로 따져 보는
것은 사물과 현상을 객관적으로 분석하기 위한 바탕이다.

주사위를 열 번 던졌더니 모두 6이 나왔다고 해 보자. 열한 번째
던졌을 때 나오는 숫자를 맞히면 그 숫자에 1만 원을 곱한 금액
을 당첨금으로 받을 수 있다. 과연 당신은 어떤 숫자를 선택하겠
는가?

이러한 질문을 받으면 상당히 많은 사람이 6이 아닌 다른 숫
자를 선택한다. 열 번째까지 6이 연달아 나왔으니 열한 번째에도
6이 나올 확률은 거의 희박하고 또한 다른 숫자가 나와 줘야 잘
못된 통계를 바로잡을 수 있다고 생각하는 듯하다. 그러나 열 번

째에 6이 나온 사건과 열한 번째에 6이 나올 사건은 확률적으로 '독립적인' 상황이다. 주사위는 결코 열 번째 사건을 기억하지 못한다. 단지 사람만이 그걸 기억할 뿐이다.

확률을 올바로 이해하는 사람이라면 열한 번째에도 6에 걸어야 한다. 열 번 모두 6이 나온 것은 우연히 그렇게 됐을 수도 있다. 하지만 그 주사위의 무게중심이 편중되어 있어서 열한 번째에 6이 나올 확률이 1/6보다 높다고 생각하는 것이 이치에 맞다. 또한 이 게임에서는 6을 맞혔을 때 얻을 수 있는 당첨금이 다른 숫자가 나왔을 경우보다 높기 때문에 6에 거는 것이 유리하다. 그럼에도 우리는 왜 과거를 기억 못 하는 주사위로 도박을 할까?

우연의 일치가 자연스러울 리 없잖아?

다음 페이지의 그림 중 더 마음에 드는 그림을 선택하고 그 이유가 무엇인지 고민해 보라. 1번은 나무 한 그루가 두 언덕 사이 한가운데에 서 있고, 2번은 나무가 한쪽 언덕에 치우쳐 서 있다.

이 사례는 어렸을 적에 미술 선생님으로부터 "언덕 사이 한가운데에 나무를 두는 것은 자연스럽지 않다"고 핀잔을 들었다는 뇌 과학자 빌라야누르 S. 라마찬드란Vilayanur S. Ramachandran의

:: 나무는 어디에 위치해야 자연스러운가?

일화다.[50]

　아마도 대부분은 1번보다 2번이 더 자연스럽다고 여길 것이고, 벽에 걸 그림을 고르라고 해도 역시 2번을 선택할 것이다. 왜 하필 골짜기 가운데에 나무가 서 있는지 모르겠다는 생각 때문에 1번이 부자연스럽게 느껴지기 때문이다. 그러나 1번과 2번의 발생 가능성은 각각 똑같다. 두 언덕의 존재와 나무의 위치는 서로 독립적인 사건이다. 나무가 언덕의 위치를 감안하여 자신이 자랄 자리를 선택하는 것이 아니다. 1번과 2번 모두 우연일 뿐이다. 하지만 사람들은 일반적으로 1번보다 2번이 더 자연스럽고 실제로 발생할 가능성도 더 높다고 판단하는 오류를 범한다.

　라마찬드란은 우리가 2번을 선호하는 경향이 '우연의 일치'에 대한 본능적인 혐오에서 비롯된다고 말한다. 로또 번호를 택할 때 '1, 2, 3, 4, 5, 6'이 나올 확률이나 '2, 16, 21, 24, 33, 42'가 나올 확률은 동일한데도 전자를 우연의 일치라고 인식한다. 그래서 대부분의 사람은 로또 용지에 '1, 2, 3, 4, 5, 6'을 기입하려 들지 않는다.

확률에 대한 무지를 확인할 수 있는 사례를 하나 더 살펴보자. 수학자 마틴 가드너Martin Gardner는 우스꽝스러운 사나이의 이야기를 통해 확률에 대한 우리의 무지를 꼬집는다.[51] 비행기를 자주 이용하는 이 사나이는 누군가가 폭탄을 휴대하고 비행기에 탑승할지 모른다는 불안감에 사로잡힌 나머지 스스로 뇌관을 제거한 폭탄을 가방에 넣고 다녔다. 보안 검색이 심한 비행기에 폭탄을 가지고 탑승하는 것 자체가 이미 발생하기 어려운 데다가, 폭탄을 가진 승객이 2명이나 있다는 것은 더더욱 일어나기 힘든 일이라고 생각했기 때문이다.

그의 생각이 일리가 있어 보이는가, 아니면 우스꽝스러운가? 자신이 폭탄을 가지고 다니는 것과 다른 사람이 가지고 다니는 것은 서로 '독립적인' 일이다. 쉽게 말해 두 사건은 상관이 없다.

독립적 사건과 확률의 관계

프로야구 해설자들은 종종 그들의 확률적 무지를 드러내는 멘트를 하곤 한다. 어떤 타자가 세 번째 타석까지 삼진 아웃으로 물러났다가 네 번째 타석에 들어섰다고 해 보자. 해설자는 기다렸다는 듯이 "아, 저 선수의 타율이 3할 2푼이거든요. 내리 세 번 아웃을 당했으니, 이번에 한 방 쳐 줄 거예요"라고 말한다. 열 번 타석에 들어서면 세 번 이상 안타를 치는 선수인데, 세 번째 타석까지 방망이가 침묵했으니 이제는 안타를 치리라 짐작하는 것이다. 3할 2푼이라는 타율은 시즌 초기부터 지금까지 그 타자가 이룬 결과를 평균하여 나타낸 통계치이지, 매 타석에 들어설 때마다 그가 안타를 칠지 못 칠지 예언할 수 있는 척도가 결코 아니다.

그가 네 번째 타석에서 안타를 칠 확률은 여전히 3할 2푼이지, 세 번째까지 아웃을 당했다고 해서 이번 타석에 안타를 칠 확률이 100퍼센트로 올라가는 것은 아니다. 세 번째 타석까지 모두 삼진을 당한 타자라면 네 번째 타석에서도 죽을 쑬 확률이 높다. 그날 컨디션이 최악이거나 상대방 투수가 뛰어난 투구를 했을 가능성이 크기 때문이다.

주사위의 6개 면을 3면씩 각각 초록색과 빨간색으로 칠한 주사위를 여러 번 던졌을 때, 처음에는 '빨, 초, 빨, 빨, 빨'이 나오고, 두 번째는 '초, 빨, 초, 빨, 빨, 빨'이 나왔다고 하자. 어느 것이 실제로 발생하기 쉬울까? 노벨 경제학상을 받은 심리학자 대니얼 카너먼Daniel Kahneman과 에이머스 트버스키Amos Tversky가

고안한 이 실험에서 대부분의 사람이 두 번째를 선택했다.[52] 사람들은 초록과 빨강이 고루 섞인 것이 '더 잘 발생된다'고 착각하기 때문이다. 하지만 두 번째 경우는 첫 번째 경우인 '빨, 초, 빨, 빨, 빨' 앞에 초록을 한 번 더 덧붙인 것이기 때문에 첫 번째의 발생 빈도가 더 높다고 판단해야 합리적이다.

이처럼 대다수 사람은 주사위가 과거의 사건을 기억하여 그것을 바탕으로 미래에 발생할 사건을 조정하리라 여긴다. 주사위의 '역사'로 미래를 예측할 수 있다고 믿기도 한다. 확률의 무지는 판단의 오류를 낳고 판단의 오류는 실패로 이어진다. 중고등학교 수학의 기초만 제대로 배워도 이런 실수를 반복하지 않을 것이다.

워런 버핏도 애용하는
'가늘고 길게 가는' 공식

'켈리의 공식'은 오랫동안 도박 게임을 즐길 수 있는 방법을 알려 준다. 도박은 패가 망신의 지름길이므로 이런 공식에는 관심이 없다고? 하지만 세계적인 투자자, 워런 버핏도 투자를 결정할 때 이 공식을 참고한다니 없던 관심도 가져 볼 만하지 않은가?

여기는 사막 한가운데 세워진 거대한 도시, 라스베이거스다. 높고 낮은 건물에서 휘황찬란하게 빛나는 네온사인과 호텔 벨라지오에서 연일 벌어지는 분수 쇼는 여행자의 마음을 들뜨게 한다. 알다시피 라스베이거스는 도박의 도시, 호주머니 속 10만 원의 여윳돈을 가지고 도박을 즐겨도 뭐라 탓할 사람은 아무도 없다. 10만 원을 몽땅 잃어도 상관없다. 어차피 그러려고 왔으니까. 다만 먼 길을 달려 도박의 도시를 찾아왔으니 이왕이면 오랫동안 도박을 즐기고 싶은 마음뿐이다. 그러려면 어떤 종류의 게임을 하든지 10만 원을 한 번에 '올인all in'하지 않고 잘 쪼개 베팅해야한다.

그렇다면 1회 베팅 금액을 얼마로 정해야 가능한 한 오래 도박을 즐길 수 있을까? 이때 떠올려야 할 공식이 바로 벨연구소에서 일하던 물리학자 존 켈리John L. Kelly가 고안해 낸 '켈리의 공식Kelly's formula'이다.[53] 이 공식은 베팅할 때마다 얼마의 판돈을 걸어야 하는지, 수중에 가진 돈 중에서 몇 퍼센트를 매번 판돈으로 걸어야 하는지 알려 주는 유용한 길잡이다. 켈리는 최대한 오랫동안 도박을 즐기려면 매번 베팅하는 돈을 다음과 같은 퍼센티지만큼 걸라고 충고한다.

$$\text{매 게임당 베팅액(퍼센트)} = \{p(b+1)-1\}/b$$

여기에서 p는 게임에서 이길 확률, b는 배당률을 말한다. 배당률은 보통 '$b:1$'이라는 형식으로 표현되는데, 이는 1원을 걸었을 때 게임에 이기면 b원을 딸 수 있다는 뜻이다. 예를 들어, 블랙잭이든 룰렛이든 게임을 할 때 이길 확률을 50퍼센트, 질 확률을 50퍼센트라고 가정하고 배당률을 1:1이라 해 보자. 켈리의 공식에 대입하면, 가능한 한 많은 게임을 즐기기 위해 매 게임당 걸어야 할 베팅 금액은 다음과 같다.

매 게임당 베팅액(퍼센트) = {0.5x(1+1)−1}/1=0퍼센트

이 결과는 게임에서 이길 확률이 50퍼센트라면 매 게임에 거는 판돈은 수중에 가지고 있는 돈의 0퍼센트여야 한다는 말이다. 다시 말해, '도박을 하지 말라'는 뜻이다. 사실 이길 확률 50퍼센트는 상당히 유리하게 잡은 것이다. 카지노는 이익을 남기기 위해 카지노가 이길 확률을 50퍼센트보다 조금 높게 설정하기 때문이다.

예를 들어 '크랩스'라는 게임의 경우, 카지노가 이길 확률은 도박꾼보다 1.42퍼센트포인트 크다. 그렇다면 위 켈리의 공식에 따라 매 게임당 걸어야 할 베팅액은 마이너스가 되기 때문에 도박을 하지 않는 것으로는 부족해서 오히려 카지노로부터 돈을 받아 내야 한다. 물론 그렇게 하기 어려우니 아예 카지노에는 발을 끊거나 도박장 안에서 제공하는 공짜 서비스나 마음껏 이용하는 게 좋을 것이다.

워런 버핏도 명심한 투자의 공식

하지만 라스베이거스에 돈을 따러 온 것이 아니라 그저 도박을 즐기러 온 것이니 이길 확률이 50퍼센트밖에 안 된다 하더라도 여기에 3퍼센트의 추가 승률을 더해서 이길 확률을 53퍼센트로 가정할 수 있지 않겠는가? 3퍼센트는 도박이 제공하는 재미와 짜릿함을 감안한 것이다. 이를 켈리의 공식에 대입하면 매 게임당 걸어야 할 베팅 금액은 다음과 같다.

매 게임당 베팅액(퍼센트) = {0.53x(1+1)−1}/1=6퍼센트

호주머니에 10만 원을 가지고 카지노를 찾았다면 첫 게임에 6000원을 베팅하라는 뜻이다. 그리고 다음 게임에도 역시 보유한 돈의 6퍼센트를 걸면 된다. 이런 식으로 베팅하면 결국에 가서 10만 원을 다 잃고 말겠지만(장기적으로 카지노를 이길 수 없으므로), 가능한 한 오랫동안 베팅의 즐거움을 누릴 수 있다.

갑자기 도박 이야기가 나와 어리둥절할지 모르겠으나, 켈리의 공식은 투자 의사 결정에 의미 있는 시사점을 준다. 투자도 어떤 의미로는 도박의 일종인데, 주식이든 부동산이든 많은 사람이 투자의 성공 확률을 100퍼센트라고 '믿으려' 한다. 켈리의 공식은 이런 무조건적인 믿음에서 깨어나는 데 도움이 된다.

물론 사전적으로 투자의 성공 확률이 어느 정도인지 알 방법은 없지만, 켈리의 공식을 적용하면 투자를 결정할 때 중요한 참고 기준을 얻을 수 있다. 예를 들어, 투자의 성공 확률이 60퍼센트이고 투자비 1단위를 투입하여 얻을 수 있는 순이익을 100퍼센트라고 가정하면(즉 b:1이 1:1이라면), 켈리의 공식은 다음과 같은 답을 내놓는다.

최초에 투자할 금액 = {0.6×(1+1)−1}/1=0.2=20퍼센트

일단 플러스 값이 나왔으니 투자를 진행해도 좋지만 자금을 몽땅 쏟아 넣을 게 아니라 처음에는 전체 자금의 20퍼센트만 투자하는 게 좋다. 투자비를 몽땅 투입하지 않고 '파일럿 테스트'의 개념으로 20퍼센트의 투자비만 실행에 옮긴 후 긍정적인 결과가 나오면 추가로 투자비를 집행하는 방식으로 말이다. 켈리의 공식은 투자의 귀재라 불리는 워런 버핏Warren E. Buffett도 애용하는 의사 결정 방식이라고 하니 알아 두면 언젠가 도움이 될 것이다. 절대로 올인하려는 만용을 부리지 마라.

호흡의 메커니즘에서 발견한
'기브 앤드 테이크'

원하는 바를 얻기 위해서는 내놓을 줄도 알아야 한다. 우리의 호흡 메커니즘도 이와 유사하다. 단순히 산소를 들이마신다고 숨을 쉴 수 있는 게 아니기 때문이다. 우리 몸은 혈액 내 이산화탄소 농도가 높아져야 이를 해소하기 위해 세포에 산소를 공급한다.

국제 공인 수영장의 가로 길이는 50미터다. 저 끝까지 잠수 영법으로만 수영해야 한다는 미션을 부여받은 당신은 출발대에 올라서서 결승점에 도달하기 직전 얼마나 숨이 막힐지 상상한다. '중간에 잠영을 포기하고 머리를 물 밖으로 들어 올려 숨을 몰아쉬고 싶은 마음이 간절해지겠지? 아, 정말 고통스러울 거야.' 이런 상상을 하니 출발하기 전에 조금이라도 많은 산소를 들이마셔야 겠다는 생각에 이른다.

당신은 윗몸을 뒤로 젖히며 열심히 심호흡을 하기 시작한다.

다른 선수들은 고개와 어깨를 돌리면서 몸을 풀기만 할 뿐 당신처럼 심호흡에 열중하지 않는다. '저런 어리석은 친구들을 봤나. 나처럼 심호흡을 해야지, 뭐 하는 거야?' 준비 신호가 울리고 선수들이 몸을 굽혀 출발 총성이 울리길 기다리는 동안에도 당신은 볼 풍선을 만들어 가며 심호흡을 계속한다. 탕! 드디어 출발 신호가 떨어지고 당신을 비롯한 선수들이 잠영을 시작한다. 입수하는 순간 당신은 승리를 자신하며 빙긋 웃는다.

아, 그런데 출발한 지 얼마 되지 않아 슬며시 숨이 막히는 고통이 찾아오더니 이내 더 이상 잠영을 계속할 수 없는 순간까지 이른다. '어, 이상하다? 이럴 리가 없는데⋯⋯.' 당신은 조금만 더 참아 보려고 하지만 숨이 목까지 차올라 앞으로 나아갈 힘이 싹 사라지고 말았다. 당신은 본능적으로 머리를 물 밖으로 꺼내 숨을 몰아쉰다. 거칠게 숨을 쉬면서도 저 멀리 다른 선수들이 돌고래처럼 멋지게 잠영하는 모습을 바라보며 의아해한다. '그리 열심히 심호흡을 했건만 뭐가 잘못된 거지?'

내놓아야 얻을 수 있다

우리가 아무리 열심히 심호흡을 해 봤자 혈액 속의 산소 농도는 증가하지 않는다. 오히려 과다하게 호흡을 하면 동맥혈의 산소가 감소한다. 왜 그럴까? 산소를 폐에서 세포로 전달하는 단백질을 '헤모글로빈'이라 부르는데, 이 물질은 이미 산소로 98퍼센트 정도 포화되어 있기 때문에 호흡을 더 많이 한다고 해서 100퍼센트 포화되지는 않는다. 그리고 호흡을 과다하게 하면 몸 안의 이산화탄소가 몸 바깥으로 빨리 배출되어서 헤모글로빈이 산소를 세포에 공급하기 어려워진다. 이게 무슨 말일까? 인간과 같은 동물들은 산소를 들이마시고 이산화탄소를 내뿜게 되어 있지 않은가? 이산화탄소를 몸 밖으로 빨리 배출시켜야 산소를 더 많이 받아들일 수 있는 것 아닌가? 산소 증가가 산소 공급을 어렵게 만든다고?

양자 역학의 기초를 닦은 덴마크의 물리학자 닐스 보어Niels Bohr의 아버지 크리스티안 보어Christian Bohr는 생리학 분야에서 아들만큼 탁월한 업적을 쌓은 학자였다. 그는 혈액 속을 떠다니며 각 세포에 산소를 운반하는 헤모글로빈의 특성에 주목했는데, 연구 결과 헤모글로빈의 활동이 이산화탄소의 농도에 영향을 받는다는 사실을 발견했다.[54] 다시 말해 혈액 속의 이산화탄소 농도가 낮으면 헤모글로빈의 활동이 저하되어 산소를 운반하는 역할을 제대로 수행하지 못한다는 뜻이다.

혈액 속에 이산화탄소가 증가하면 혈액은 산성으로 변화되는

데, 이렇게 산성으로 변해야 헤모글로빈이 '아, 바로 지금이군' 하면서 운반하던 산소를 세포에 내려놓게 된다. 그런데 과다 호흡을 하면 혈액 내에 이산화탄소가 충분하지 않게 되고, 그로 인해 헤모글로빈은 싣고 있던 산소를 세포에 내려놓지 않게 된다. 이런 현상을 그의 이름을 따 '보어 효과'라고 부른다.

산소가 없으면 인간은 당연히 숨을 쉴 수 없다. 게다가 이산화탄소 없이도 인간은 숨을 쉬지 못한다. 지금까지 이산화탄소는 몸 바깥으로 내보내야 할 폐기물 같은 것으로 간주했지만, 혈액의 산성도를 유지하는 데 필수적인 기체다. 놀랍게도, 우리가 숨을 쉬려면 산소와 이산화탄소 모두 필요한 것이다.

화석 연료 사용의 급증으로 공기 중 이산화탄소의 농도가 증가하고 그에 따라 온실 효과, 지구 온난화의 부작용이 심각한 탓에 우리는 이산화탄소를 백안시한다. 하지만 이산화탄소가 없으면 짜릿한 맛의 청량음료를 즐길 수 없을 뿐만 아니라, 디카페인 커피를 마실 수도 없을 것이다. 디카페인 커피는 이산화탄소를 용매로 사용하여 카페인을 제거한 것이기 때문이다. 그러니 이산화탄소를 호흡의 폐기물이라고 단선적으로 알고 있었다면 이제 생각을 고쳐야겠다.

호흡하는 데에 산소와 이산화탄소는 서로 등을 맞댄 동전의 양면과 같아서 뉴턴의 운동 제3 법칙인 '작용과 반작용의 법칙'

을 연상케 한다. 도전과 겸손, 열정과 절제, 외연 확대와 내실 다
지기처럼 서로 반대되는 덕목들이 우리에게 모두 필요하다는 메
시지를 전한다.

BUSINESS SCIENCE

2부

나를 바꾸고
원하는 것을 얻는 기술

NESS SCIENCE

"딱 5분만"으로 벗어나는
작심삼일의 덫

쉽게 포기하는 사람들의 특징 중 하나는 목표 의식이 너무 강력한 나머지 자기 스스로에게 부담과 스트레스를 안긴다는 것이다. 높은 산의 정상을 목표로 삼되 3부, 5부, 7부 산등성이를 차근차근 정복해 간다면 분명 꼭대기에 이를 수 있을 것이다.

연초가 되면 사람들은 으레 자신만만한 표정으로 다이어리에 영어 공부하기, 다이어트하기, 담배 끊기 등의 목표를 적는다. 독자 여러분도 매년 야심찬 계획을 세웠으리라. 하지만 그 계획들은 작년 다이어리의 첫머리에도 똑같이 언급됐을 테고 아마도 내년 다이어리의 첫 장을 장식할 확률이 높다. 작심한 지 3일 만에 죽어 버린 계획들이 매년 좀비처럼 되살아나는 것이다. 어떻게 해야 작심삼일의 덫에서 빠져나올 수 있을까? 심리학에서 그 해결책을 찾아보자.

우리는 목표 달성에 힘겨워하는 사람에게 "잡념을 버리고 오로지 목표 자체에 집중하라"고 조언한다. 하지만 이런 조언은 섣불리 해서는 안 된다. 심리학자 아예렛 피시바흐Ayelet Fishbach는 목표에 집중하면 오히려 달성을 어렵게 만든다고 말한다.[1] 그는 체육관에 다니는 사람들을 두 그룹으로 나눠 한 그룹의 참가자들에게 운동을 통해 이루고 싶은 것, 예를 들어 "나는 살을 빼기 위해 운동한다"라는 결과에 집중하며 운동하도록 했다. 다른 그룹의 참가자들에게는 "나는 스트레칭을 먼저 하고 그다음에 러닝머신을 뛴다"와 같이 과정에 몰두하면서 운동하라고 했다.

결과보다 과정이 중요하다

참가자들이 실제로 운동한 시간을 살펴보니 '결과에 집중'했던 사람들은 '과정에 집중'했던 사람보다 10분가량 적게 운동했다. 결과에 집중하면 오히려 동기가 오래가지 못했던 것이다. "결과에 집중하라" "결과를 생생하게 그려라" 이런 조언은 목표 달성을 더욱 어렵게 만든다. 실제로 마라톤을 뛰는 사람에게 가장 도움이 되는 조언은 "완주했을 때의 네 모습을 상상해 봐"가 아니라 "네가 뛰는 한 걸음, 한 걸음에만 집중하라"란 말이다.

목표 달성의 동기를 높이는 방법 중 가장 효과가 좋은 것은 목표를 조건문으로 바꾸는 것이다. 심리학자 피터 골비처Peter Gollwizer는 두 그룹의 학생들에게 크리스마스 연휴 동안 반드시 해야 할 과제를 2개씩 정하라고 지시했다.[2] A그룹의 학생들에게는 각자가 정한 2개의 과제를 '언제'가 되면 실행할지, 그리고 '어디에 있을 때' 실행에 옮길 것인지 계획까지 제출하도록 했다. B그룹의 학생들에게는 그저 과제만 정하게 했다.

크리스마스 연휴가 끝나고 학생들이 얼마나 과제를 완료했는지 점검하니 때와 장소를 정했던 A그룹이 B그룹보다 어려운 과제를 실행한 비율이 훨씬 높았다. 이처럼 목표를 정할 때 "그것을 언제 실행에 옮길지" "어디에 있을 때 수행할지"처럼 구체적인 조건문으로 바꾸어 놓으면 성공 확률이 크게 높아진다. 다이어트를 목표로 정했다면 "감자튀김을 보면 당장 그 자리를 피하겠다"와 같이 "X면 Y를 한다"의 형태로 목표를 조건문으로 바꾸면 작심삼일의 함정에서 빠져나올 수 있을 것이다.

부담은 곧 스트레스와 실패의 원인

목표를 너무 많이 정하는 욕심도 작심삼일을 부추긴다. 심리학자 에이미 돌턴Amy N. Dalton은 한쪽 참가자들에게 하나의 목표를, 다른 그룹에게는 즐겁게 책 읽기, 건강에 좋은 음식 먹기, 통화한 적 없는 이에게 전화하기 등과 같이 6개의 목표를 부여했다.[3] 5일 동안 살펴보니 6개의 목표를 받은 참가자들의 달성도가 상대적으로 낮았고 목표에 대한 몰입도 훨씬 저조했다. 왜 그랬을까? 목표가 많으면 '언제 이걸 다하지?'란 생각에 목표 달성의 어려움을 더 크게 느끼고 그러다 보니 목표 외의 것들에 신경이 분산된다. 그러니까 목표를 여러 개 세웠다면 지금이라도 3개 이내로 줄일 것을 권한다.

목표를 한두 개만 세웠다 해도 금연이나 다이어트 등은 엄청난 의지와 에너지를 필요로 한다. 이때 '한 발 들여놓기' 전략을 쓰면 도움이 된다. 린 키베츠는 스탬프를 10개 찍어야 공짜 커피를 주는 쿠폰과 12개를 찍어야 하는 쿠폰을 준비했다.[4] 하지만 12개짜리 쿠폰에는 2개의 스탬프가 미리 찍혀 있었다. 그는 학생들에게 쿠폰을 무작위로 나눠 주고 공짜 커피를 얻기까지 걸린 시간을 측정했다. 똑같이 10개의 스탬프를 찍어야 공짜 커피를 마실 수 있었지만 이미 도장 2개가 찍힌 쿠폰을 가진 학생들이 20퍼센트나 더 빨리 공짜 커피를 마셨다.

2개의 스탬프가 미리 찍힌 12개짜리 쿠폰을 받으면 '벌써 2개나 찍혀 있네'라는 생각에 도장을 모두 찍고 싶다는 동기가 일어난다. 반면, 도장이 하나도 안 찍힌 10개짜리 쿠폰을 보면 '이 빈 칸을 언제 다 채우나?'란 생각부터 든다. 그래서 중간에 포기하거나 공짜 커피를 받기까지 시간이 오래 걸린다. 다이어트 성공이 목표라면 옷을 잔뜩 입은 상태로 몸무게를 잰 후 다음 날 옷을 모두 벗은 상태에서 몸무게를 재 보라. "어, 벌써 2킬로그램이나 빠졌네? 앞으로 10킬로그램만 더 빼면 되겠어"라고 자신에게 트릭을 쓰면 어떨까? 비록 꼼수지만 다이어트의 동기를 끌어올리는 데 매우 효과적일 것이다.

책 많이 읽기, 조깅하기, 일기 쓰기처럼 분명히 삶에 도움이 되는 습관이지만 막상 시작하려면 '귀차니즘'에 발목을 잡히고 마는 목표는 어떻게 해야 달성할 수 있을까? 이럴 때는 '딱 5분만 법칙'을 활용해 보라. "딱 5분만 책을 읽고 그다음에는 미련 없이 책을 덮어 버리자"라고 마음먹은 후 독서를 시작하는 것이다. 아마 10분, 1시간 후에도 책을 읽고 있는 자기 자신을 발견할 것이다. 귀차니즘이 끈적끈적하게 달라붙을 때마다 "딱 5분만"을 외쳐 보라. 내년 다이어리 첫 장에는 다른 목표를 적게 될 것이다.

스트레스, 맞서는 것보다
피하는 게 상책

흔히 스트레스를 만병의 근원이라고 한다. 하지만 국내 한 연구진은 스트레스는 극복할 수 있는 대상이 아니기 때문에 스트레스가 발생할 상황을 피하는 것이 최선의 방법이라고 말한다. 그리고 피할 수 없다면 "즐기지 말고" 통제해야 한다고 강조한다.

사람들은 누구나 건강한 삶을 소망한다. 웰빙이나 로하스 같은 신종 용어가 어느덧 익숙해졌다. 좀 비싸더라도 유기농 식품을 구매하는 사람이 많아졌고, 어떤 음식이 건강에 좋다는 이야기가 방송에 나가면 다음 날 아침부터 불티나게 팔린다. 건강한 삶을 누리기 위해서 무엇을 어떻게 해야 할까? 많은 전문가가 무엇보다 스트레스를 받지 않아야 한다고 말한다.

그렇다면 어떻게 스트레스를 없앨 수 있을까? 잘 먹고 많이 운동하면 될까? 이것도 좋은 방법이긴 하지만 근본적인 해결책은 아니다. 하루 종일 엄청난 스트레스를 받고 나서 좋은 식사를 하고 헬스클럽에서 1시간 넘도록 운동한들 쌓인 스트레스 자체는 줄어들지 않기 때문이다. 포항공과대학교(포스텍)의 김경태 교수가 이를 증명했다.[5] 그는 스트레스는 몸에 축적되기만 할 뿐 운동이나 여행 등으로 없앨 수 없다는 연구 결과를 발표했다. 반복적인 자극을 받으면 세포 속에 '소포小胞, Vesicle (내분비 세포 내에서 호르몬을 담는 주머니 역할을 한다)'라고 불리는 것의 양이 꾸준히 늘어나고 그에 따라 스트레스 호르몬의 분비량이 증가한다는 것이다. 또한 그는 좋은 식사와 격한 운동을 통해 스트레스를 극복

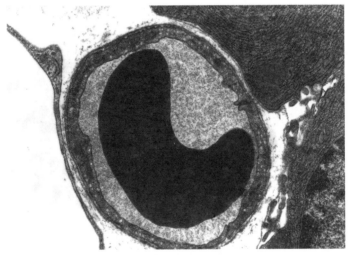

:: 우리의 스트레스 호르몬이 쌓이는 곳이 바로 소포다.

하려고 하지 말고 무조건 피하는 것이 상책이라고 조언한다. 스트레스의 원인 자체를 피하라는 소리다.

어쩌지 못하는 상황이 스트레스를 부른다

하지만 어떻게 스트레스를 피하란 말인가? 이 질문에 답하기 전에 스트레스가 무엇 때문에 생기는지 먼저 알아보자. 제이 와이스Jay Weiss라는 생물학자는 쥐를 두 그룹으로 나눈 후 바닥에 깔린 전선으로 전기 충격을 가하는 실험을 했다.[6] A그룹의 우리에는 전기 충격을 차단할 수 있는 스위치가 달려 있었지만 B그룹의 우리에는 스위치가 없었다.

　여러 날 전기 충격을 가했지만 A그룹의 쥐들은 토실토실하고 건강 상태가 양호했다. 반면 B그룹의 쥐들은 대부분 위궤양에 걸렸고 어떤 쥐들은 체념한 채 누워서 전기 충격을 온전히 받아들였다. 두 그룹 모두 일정한 시간에 똑같은 양의 전기 충격을 받았음에도 차이가 나는 이유는 뭘까? A그룹의 쥐들은 전기 충격을 차단할 수 있는 스위치, 즉 환경 변화에 대한 최소한의 '통제력'을 가지고 있었기 때문이다. 통제력을 가진 쥐들이 더 많은 항체를 생산해서 질병을 예방할 수 있었다. 와이스의 실험은 통제력 상실이 스트레스 발생과 면역력 약화의 주요 원인이라는 의미를 담고 있다.

통제력을 잃어버리면 스트레스를 이기지 못해 건강이 상할 뿐 아니라 지적 능력도 흐리멍덩해진다. 이번에는 사람들을 두 그룹으로 나눠 실험을 했다. 시끄러운 소음을 틀어 놓은 상황에서 피실험자들에게 어려운 수학 문제를 풀게 했는데, A그룹이 앉은 테이블에는 소음 차단 스위치가 달려 있었고 B그룹에게는 그런 스위치가 없었다. 실험 결과 스위치를 가진 A그룹의 사람들이 문제를 5배나 많이 풀었고 틀린 개수도 적었다. 소음이 들릴 때마다 스위치를 껐기 때문에 성적이 좋을 수밖에 없었을까? 아니다. 실제로 실험에서 A그룹의 참가자들은 스위치를 한 번밖에 사용하지 않았다. 스위치 사용 빈도보다 '마음만 먹으면 언제든지 소음을 차단할 수 있어!'라는 생각 자체가 스트레스를 차단했던 것이다.

피할 수 없다면 통제하라

통제력은 스트레스 발생을 좌우하는 변수다. 정신적인 건강이든, 육체적인 건강이든 통제력을 잃지 않고 유지하는 것이 스트레스 관리의 관건이다. 즉 건강한 삶은 통제력으로부터 나온다. 힘겨운 날이 계속될 때 빈둥거리면 좋겠다는 소망이 간절하겠지만, 그때도 역시 스트레스를 받는다. 자괴감과 후회 때문이다. "시간이 많이 흘렀는데 나는 무얼 했나?"라는 탄식은 '노는 동안' 삶을 통제하지 못했다는 후회에서 비롯된 것이다. 또한 "일하고 싶은데 왜 일을 안 주는 거야?"라는 울분 섞인 항변은 그 말을 하는 순간 삶의 통제력을 자신이 아닌 다른 사람에게 넘겨주는 것이기 때문에 스트레스가 발생한다.

통제력은 목표 의식을 분명하게 함으로써 유지할 수 있다. 큰 일이든 작은 일이든 항상 목표를 두고 일할 때와 그렇지 않을 때는 일의 결과뿐만 아니라 일을 수행하면서 받게 될 스트레스의 양도 다르다. 일이 정말 어렵고 많아서 힘겨운 상황이라고 해도, 또 외부의 압력에 의해 어쩔 수 없이 해야 하는 일이라 해도, 그 안에서 통제력을 발휘할 수 있는 목표 몇 가지를 찾는 것이 자신의 건강과 지적 능력을 보호하는 최선의 방법이다. 건강하게 살려면 삶의 주인으로서 통제력을 유지하라. 마음만 먹으면 언제든 켜고 끌 수 있는 당신만의 스위치를 발견하라.

우리 뇌의 피로를 풀어 줄
도파민 샤워

목욕은 사람들이 선호하는 스트레스 해소법이자 휴식 방법 중 하나다. 몸이 청결해
지면 마음도 홀가분해지기 때문이다. 그런데 우리의 뇌도 샤워를 하면 피로가 풀린
다. 바로 도파민이라는 호르몬으로 샤워를 하는 방법이다.

언젠가 주말 내내 진행된 워크숍을 마치고 스태프들과 함께 회
식을 겸해 〈위플래쉬〉란 영화를 관람했다. 솔직히 영화관에 들
어가기 전에는 '피곤한데 웬 영화?'란 생각이 들어 살짝 후회스
러웠고 광고가 나오는 동안 깜빡 졸기까지 했다.

하지만 긴장감 있는 스토리와 격렬한 드럼 소리에 빠져들다
보니 피곤함은 말끔히 사라졌고, 영화관을 나설 때는 마치 온몸
에 시원한 물을 끼얹으며 샤워한 듯 뇌가 개운해졌다. 스태프들
도 모두 신기해했다. 처음에는 피곤해서 집에 가겠다던 스태프

들이 한껏 밝아진 표정으로 술이나 한잔하자며 내 팔을 잡아끌 정도였으니까.

어찌된 일일까? 이유는 천연 마약이라 불리는 '도파민' 분비 때문이다. 호르몬의 일종인 도파민은 쾌락과 환각을 경험하게 해 주는데, 캐나다 맥길대학교의 신경심리학자인 로버트 자토레 Robert Zatorre는 음식, 스포츠, 섹스뿐만 아니라 음악도 도파민 분비를 촉진시킨다는 연구 결과를 발표한 바 있다.[7] 특히 음악이 최고조에 이르기를 기대하는 동안 뇌의 '미상핵'이란 부위에서 도파민이 분비됐고, 최고조에 이르면 '측좌핵'에서 역시 도파민이 분비되었던 것이다.

나와 함께 영화를 본 스태프들의 뇌를 기능성 자기 공명 영상 장치fMRI로 촬영했다면 주인공이 드럼 연주 템포를 늦추다가 점점 손이 보이지 않을 정도로 빠르게 연주하는 영화의 클라이맥스에서 왕성하게 분비되는 도파민을 뚜렷이 관찰할 수 있었을 것이다. 물론 영화가 스태프들의 뇌를 도파민으로 샤워시킬 수 있었던 까닭은 다들 재즈 음악에 대한 거부감이 없었기 때문이다. 자토레의 연구에 따르면 싫어하는 음악을 들을 때는 도파민 분비가 활성화되지 않는다고 한다.

믿음과 신뢰를 좌우하는 옥시토신

신경 전달 물질인 호르몬은 인간 행동을 지배하기도 하고 인간 행동에 의해 그 수치가 변하기도 한다. 벨기에의 한 연구 팀이 실험 참가자들의 코에 '옥시토신'이란 호르몬을 뿌린 후 '신뢰 게임'을 진행했다.[8] 이 게임에서 참가자들은 자신이 받은 돈을 파트너와 나누면 그 돈의 3배를 받을 수 있지만, 파트너를 신뢰하지 않으면 돈을 나누지 않아도 상관없었다. 게임 결과 코에 옥시토신을 뿌린 참가자들이 파트너를 훨씬 더 신뢰하는 경향이 나타났다. 파트너와 더 많은 액수의 돈을 공유했기 때문이다. 옥시토신은 무조건 상대방을 믿도록 만드는 묘약은 아니지만 특정 조건에서 신뢰감을 높인다고 연구 팀은 결론을 내렸다.

신경경제학자인 P. J. 자크P. J. Zak는 인간 행동에 의해 옥시토신 수치가 변한다고 말한다.[9] 그는 참가자들로 하여금 사전에 서로를 얼마나 신뢰하는지 측정한 뒤 신뢰 게임을 진행하도록 했다. 나눠 줄 금액을 결정한 참가자의 혈액을 채취하여 호르몬 수치를 분석하니 많은 금액을 나눈 참가자일수록 혈중 옥시토신 농도가 높게 나타났다. 상대방을 신뢰할수록 옥시토신 분비가 왕성했던 것이다.

옥시토신은 정서적 안정감을 촉진하고 유대와 협력 행동을 강화할 뿐만 아니라 앞서 언급한 도파민의 분비를 자극하는 역할도 한다. 옥시토신은 신뢰를 구축하는 동기를 높이고 서로의 이익을 극대화하는 데 도움을 주는 호르몬이다. 신뢰는 옥시토신을 분비시키고 옥시토신은 서로의 이득을 높이는 데 기여하며 높아진 이득은 다시 신뢰를 강화함으로써 선순환이 만들어진다.

기대를 받으면 기운이 솟는다

반면, 신뢰받지 못하면 어떻게 될까? 신뢰의 상실은 양자 모두에게 스트레스로 작용한다. 스트레스에 노출되면 우리 몸은 스트레스의 고통을 경감시키고 에너지를 만들어 내는 등 스스로를 보호하기 위해 '코르티솔'이라는 호르몬을 분비한다. 하지만 오랫동안 스트레스를 받아 코르티솔에 장기간 노출되면 오히려 면역 체계가 약화되고 늘 긴장 상태가 되며 집중력도 떨어지고 신경이 예민해지는 역효과가 발생한다.

벼락치기로 공부한 내용을 시험 보는 동안 까맣게 잊어버리는 이유 역시 코르티솔 때문이다. 스트레스로부터 몸을 보호하기 위해 분비된 코르티솔이 기억력을 약화시키는 탓이다. 타인으로부터 자주 불신을 받는 사람에게 높은 성과를 기대할 수 없는 과학적 이유다. 이를 아는지 폭주족과 문제아를 받아들여 능력 있는 기술자로 양성해 내는 일본 제조업체 주켄공업의 마츠우라 모토오 사장은 "서로 권리를 인정하고 서로에게 무조건 믿음을 주어야 한다. 그것은 (경영자의) 의무다"라고 말했다.[10]

'도파민 샤워' 효과를 경험한 나는 며칠 후 다시 〈위플래쉬〉를 관람했다. 도파민의 분자 구조가 마약과 비슷하다고 하니 아무래도 '음악 중독'이란 게 있는 모양이다.

아침형 인간과 저녁형 인간의
진화심리학적 차이

당신은 아침형 인간인가, 저녁형 인간인가? 어느 쪽이 더 우수하다거나 뛰어나다는 과학적인 근거는 부족하다. 다만 이런 차이는 진화심리학적으로 발생했을 가능성이 크다. 그러므로 무엇보다 중요한 것은 자신의 성향을 정확하게 파악하는 것이다.

많은 현대인이 밤늦도록 TV를 보거나 공부를 한다. 해가 지면 곧이어 잠을 청하던 옛사람들의 수면 습관을 따르는 이는 거의 없다. 이렇게 늦은 밤까지 깨어 있는 습성은 인간 진화의 역사에서 볼 때 최근의 일이다. 과거에 인간들은 어둠 속에 웅크린 맹수나 적으로부터 공격당할 것을 우려한 나머지 해가 뜨면 일과를 시작하고 해가 지면 곧바로 잠을 자는 패턴으로 생활했다. 이는 선사 시대의 생활 습성이 남아 있는 부족들을 대상으로 한 민속지학적 연구에서도 규명된 사실이다.

올빼미족의 진화심리학적 강점

그런데 런던대학교의 진화심리학자인 사토시 카나자와Satoshi Kanazawa는 지능이 뛰어난 사람일수록 낯선 자극과 새로운 상황을 저항감 없이 수용한다는 사실에 착안하여 지능 지수IQ가 높은 사람일수록 밤늦도록 깨어 있는 '올빼미족'일 거라는 가설을 수립했다.[11] 원시인들에게는 밤에 깨어 있어야 하는 상황은 매우 낯설고 두려운 것이기 때문에 그런 자극을 즐겼던 조상들은 지능이 높았을 거라고 추정한 것이다.

미국의 한 조사 기관이 중고등학생을 대상으로 그들이 성인이 될 때까지 3차례에 걸쳐 설문 조사를 벌였는데, 카나자와는 이 조사 결과를 토대로 자신의 가설을 입증하고자 했다. 조사 기관은 "학교나 직장에 갈 때 언제 일어나는가?" "언제 잠자리에 드는가?" "휴일에는 언제 일어나는가?" 등의 질문을 통해 응답자들의 평균 기상 시간과 평균 취침 시간을 확인했다. 또한 별도로 학생들의 IQ도 조사했다.

응답자들의 연령, 성별, 인종, 학력, 수입, 종교 등의 변수를 통제한 상태에서 평균 취침 시간과 IQ의 관계를 분석하니, IQ가 높은 응답자일수록 늦은 시간에 잠자리에 드는 것으로 파악됐다. IQ가 가장 낮은 응답자군은 주중에 평균 밤 11시 41분에 잠이 드는 반면, IQ가 가장 높은 응답자군은 평균 밤 12시 29분에 잠자리에 들었던 것이다. 또한 IQ가 높은 응답자일수록 아침에 늦게 일어나는 경향을 보였다. 간단히 말해, IQ가 높을수록 늦게 자고 늦게 일어나는 올빼미족이었던 것이다.

이 결과를 보고 지능이 높아지려면 올빼미족이 되어야 한다고 생각하거나, 일찍 자고 일찍 일어나는 아침형 인간은 IQ가 낮다고 일반화하면 곤란하다. 카나자와의 연구는 지능과 취침 시간 사이에 상관관계가 존재한다는 점, 그리고 그렇게 된 이유가 '어둠'이라는 두렵고 낯선 상황을 수용하게 된 계기로부터 나왔을지 모른다는 관점으로 이해해야 한다.

올빼미족과 종달새족의 관계

그래도 '밤늦도록 깨어 있는 나는 필시 IQ가 높을 거야'라고 뿌듯해하는 올빼미족이 있다면, 자신의 학업 성적까지 좋기를 기대하지는 않았으면 한다. 프랜지스 프레켈Franzis Preckel이 독일 학생 272명의 성적과 그들의 수면 습성을 조사했는데, 올빼미족 학생들은 수학, 과학, 언어 과목 전반에 걸쳐 상대적으로 저조한 성적을 보이는 것으로 나타났다.[12] 아침형 인간인 '종달새족' 학생들과 인지 능력, 학업 동기, 사고력, 성실성 등이 비슷했는데도 말이다. 왜 그럴까?

성적을 좋게 받으려면 자신에게 최적인 시간대에 수업을 받고 시험을 치러야 한다. 그런데 대부분의 학교가 아침 일찍 수업을 시작하는 바람에 올빼미족 학생들은 자신들에게 최적이라고 볼 수 없는 시간에 종달새족 학생들과 경쟁해야 한다. 그러니 성적이 저조할 수밖에 없다는 게 프레켈의 설명이다.

경기도가 2017년부터 9시 등교제를 실시하면서 한동안 찬반 여론이 비등했던 적이 있다. 실시된 지 얼마 되지 않았기 때문에 판단하기 이른 감이 있지만, 밤늦도록 사교육에 시달리거나 게임과 TV 프로그램 등에 노출되는 바람에 자연스레 올빼미족이 된 학생들에게는 9시 등교제가 학업 성적 측면에서 도움이 될 것으로 짐작된다.

나 역시 올빼미족이라 그런지 저녁형 인간을 옹호하는 쪽으로 이야기가 흘러갔지만 아침형 생활 습관의 장점 또한 많은 것도 사실이다.

하이델베르크 교육대학원의 로라 베르너Laura Werner는 아침 8시 15분에 시작하는 강의를 듣는 학생들 300명의 수면 습관을 조사했는데, 종달새족 학생일수록 제시간 안에 강의실에 도착하는 경향을 발견했다.[13] 그 사람의 성향이 아침형이냐 저녁형이냐 여부가 강의실 도착 시간을 예측할 수 있는 핵심 변수였던 것이다. 이 결과는 아침형 인간이 저녁형 인간에 비해 좀 더 미래를 고려하고 대비하는 성향이 높다는, 심리학자 크리스토프 랜들러 Christoph Randler의 연구와 맥을 같이한다.[14]

한때 '아침형 인간이 성공한다'는 식의 자기계발서 열풍이 불었다. 내게도 아침형으로 살아 보려다가 '아, 나는 루저인가?'라고 좌절한 경험이 있다. 하지만 올빼미가 종달새의 탈을 쓰면 행복할까? 행복하지 않은 성공이 과연 의미가 있을까? 아침형이든 저녁형이든 자신의 생체 리듬에 가장 잘 맞는 시간대를 선택하면 그만이다. 최적의 시간대에서 최고의 성과를 내는 게 성공 아니겠는가?

마음이 아플 때 진통제를 먹으면 효과가 있을까

연인과 헤어지거나 친구들 사이에서 왕따를 당하면 힘들고 괴롭고 슬프다. 이런 감정들은 단순히 어떤 느낌이나 생각이라고 여기기 쉽지만 심리학자 네이선 드월의 실험은 이런 아픔이 우리 뇌가 감지하는 진짜 '통증'임을 알려 준다.

책꽂이를 정리하다가 무거운 액자가 발등 위로 떨어진다면 어떨까? 아마 그 순간 입이 떡 벌어지고 말 한 마디 내뱉지 못할 정도로 고통스런 감각이 빠르게 퍼져 온몸을 경직시킬 것이다. 뇌에서 이러한 물리적인 고통이 처리되는 부위는 '전방 대상피질'이라고 불리는 곳이다. 2011년 개봉한 영화 〈통증〉에서 주인공으로 나온 배우 권상우가 연기한 '남순'은 누군가가 상처를 내거나 가격을 해도 아무런 통증을 느끼지 못한다. 아마도 이 부분이 고장 났기 때문인 것으로 보인다.

그런데 전방 대상피질은 물리적 고통뿐만 아니라 타인으로부터 거절이나 버림을 받았을 때 느끼는 '사회적 고통'과도 깊이 연관된 부분이라는 사실이 뇌 과학자들의 연구로 규명되었다. 물리적 고통과 사회적 고통은 둘 다 뇌의 같은 부분에서 처리된다는 것이다. 영화 속 '남순'은 배우 정려원이 연기한 '동현'을 만나기 전까지 마음의 상처도 느끼지 못하는 무미건조한 일상을 살아가고 있었는데 그런 데에는 다 이유가 있었던 것이다.

물리적 고통과 사회적 고통의 연관성을 이미 알고 있던 심리학자 C. 네이선 드월C. Nathan DeWall과 동료 연구자들은 "물리적 고통을 줄여 주는 진통제가 사회적 고통을 감내하는 데에도 효과가 있지 않을까?"란 흥미로운 발상을 했다.[15] 진통제를 먹으면 전방 대상피질의 활동이 둔화되어 실연을 당하거나 동료들로부터 왕따를 당하는 등 타인으로부터 사회적 연결을 거부당함으로써 겪는 고통을 줄일 수 있지 않을까 추측했던 것이다.

물리적 · 사회적 고통에 모두 효과적인 진통제

드월은 가설을 확인하기 위해 25명의 건강한 대학생을 실험에 참여시켰다. 참가자들 중 절반은 500밀리그램짜리 진통제를 아침에 일어나서 2알, 잠자리에 들기 1시간 전에 2알을 복용해야 했다. 드월은 나머지 절반의 참가자들에게는 동일한 모양의 가짜 약(위약)을 삼키게 했다.

이렇게 수일간 진통제나 위약을 복용한 참가자들은 실험 마지막 날에 연구실을 방문하여 드월이 주관하는 어떤 게임에 참여했다. 각 참가자는 다른 두 멤버들과 함께 3인 1조가 되어 컴퓨터로 일종의 '공 주고받기' 게임을 진행했는데, 사실 다른 두 멤버는 실제 사람이 아니라 컴퓨터로 프로그래밍된 가상의 존재였다. 드월이 게임을 이렇게 조작한 이유는 참가자를 무시하고 자기네끼리만 공을 주고받으면서 왕따 시키는 상황을 연출하기 위해서였다. 다시 말해, 사회적으로 배제되고 거부될 경우 참가자들이 어떤 반응을 보일지 관찰할 목적이었다.

참가자들은 게임이 끝난 후에 "나는 다른 멤버들에게 따돌림을 당한 것 같은 느낌이 들었다"라며 자신이 얼마나 사회적 고통을 경험했는지 답했다. 그런데 진통제를 복용했던 참가자들은 위약을 먹은 참가자들에 비해 그런 고통을 덜 느끼는 것으로 나타났다.

이 결과만으로 진통제가 사회적 고통까지 경감시킨다는 사실을 알 수 있었지만, 드월은 실험 결과를 좀 더 자세히 확인하기 위해 참가자들을 fMRI 안에 눕도록 하고 동일한 방식으로 공 주고받기 게임을 진행했다. fMRI를 사용하면 뇌의 어떤 부분이 활성화되는지 영상으로 확인할 수 있기 때문에 좀 더 명확한 증거를 얻을 수 있다.

그 결과, 진통제를 복용한 참가자들이 공 주고받기에서 배제될 때 전방 대상피질의 활동이 위약을 먹은 참가자들에 비해 현저하게 둔화되는 것이 관찰되었다. 또한 진통제는 정서적인 프로세스를 처리하는 부분인 '전전두엽 피질'의 활동도 둔화시키는 것으로 나타났다. 이로써 진통제가 물리적 고통뿐만 아니라 사회적 고통을 경감시키는 데도 충분한 도움이 된다는 사실이 규명되었다.

이 연구에서 드월은 실험의 효과를 확실히 하기 위해서 대학생들에게 장장 3주 동안 진통제를 복용하도록 했다. '진통제를 그렇게 오랫동안 많이 먹어도 될까'라는 걱정이 앞서지만, 사랑하는 사람에게 이별을 통보받았거나 친구들로부터 따돌림을 당해서 가슴이 아프고 자괴감 때문에 못 견딜 정도라면, 진통제 한두 알을 먹고 잠시 잠을 청하는 것도 도움이 될 것이다.

물론 진통제 중독을 경계해야 한다. 영화에서 '남순'은 이렇게 말한다. "아프지 않으면 사랑도 없어."

그러니 이 글을 읽고 실연의 고통을 잠재운답시고 진통제를 장기 복용하겠다는 생각은 하지 말기 바란다. 진통제에 찌든 전방 대상피질 때문에 다시 찾아온 사랑을 느끼지 못할 수도 있으니까. 부디 진통제는 약사로부터 처방받고, 실연은 새로운 사랑으로 극복해야 할 것이다!

DNA 구조의 발견과
정직의 가치

단순히 거짓과 꾸밈이 없다고 정직한 게 아니다. 나에게 불리한 사실, 내가 모른다거나 틀렸다는 사실을 숨기지 않을 뿐만 아니라 당당하게 인정하고 오히려 드러낼 줄 아는 용기가 있어야 진정으로 '정직하다'고 할 수 있다.

평소 수학에 약했던 아인슈타인은 첫 번째 부인인 밀레바 마리치Mileva Maric로부터 많은 조력을 받았음에도 불구하고 그녀의 업적을 무시하고 혼자 명성을 독차지하려 했다는 이야기가 있다. 천재의 대명사라 불리는 그의 숨겨진 얼굴은 나로 하여금 한 여자를 떠올리게 했다.

제임스 왓슨James Watson, 프랜시스 크릭Francis Crick, 모리스 윌킨스Maurice Wilkins는 DNA 구조를 규명하여 1963년에 노벨 생리의학상을 수상한 생물학계의 스타다. 하지만 그들 셋이 스스로의 노력만으로 DNA 구조를 규명했다는 말은 옳지 않다. DNA 구조를 발견하기 전 왓슨과 크릭은 케임브리지대학교 소속이었는데, 런던 킹스칼리지의 로절린드 프랭클린Rosalind Franklin과 DNA 구조 규명을 위한 연구 경쟁을 벌이던 중이었다. DNA가 이중 나선 형태라는 결정적 단서를 얻은 계기는 프랭클린이 찍은 DNA의 X선 사진이었다.[16]

그녀의 동의를 받아 사진을 열람했다면 문제가 될 게 없겠지만 왓슨과 크릭은 옳지 않은 방법을 썼다. 까칠한 성격의 소유자였던 프랭클린과 그의 상급자 윌킨스는 사이가 좋지 않았다. 윌킨스는 왓슨과 크릭을 수차례 만나 그녀를 헐뜯으며 심정적인 동맹을 맺었는데 급기야 프랭클린의 사진을 몰래 빼내 왓슨과 크릭에게 건넨 것이다. 그들은 그녀의 사진을 보고 나서 겨우 일주일 만에 DNA 구조를 완성했고, 서둘러 과학 전문지《네이처》에 1페이지짜리 논문을 발표함으로써 이후에 노벨상의 영예를 거머쥐었다.

누가 봐도 도둑맞은 프랭클린의 X선 사진이 DNA 구조 규명에 결정적인 역할을 했음을 분명하게 알 수 있다. 그러나 왓슨과 크릭은 프랭클린의 기여를 무시했고, 1958년 그녀가 37세라는 젊은 나이에 암으로 숨을 거두고 나서도 침묵을 지켰다. 명백하게 정직하지 못한 태도였다.

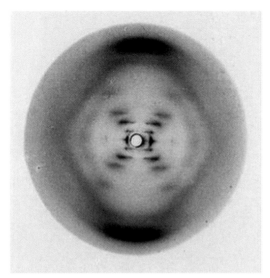

:: 프랭클린이 촬영한 DNA의 X선 사진.

수십 년이 흐른 1984년, 왓슨은 프랭클린의 모교인 세인트폴 여학교를 방문하여 연설하는 자리에서조차 끝내 정직하지 못했다. 그는 "우리는 그녀의 데이터를 생각하기 위해서 사용한 것이지, 훔치기 위해 사용한 것이 아닙니다"라는 애매한 변명만 늘어놓았다. 게다가 그녀가 가족과 관계가 좋지 않았다는, 확인되지 않은 사실을 언급함으로써 오히려 죽은 자를 모독했다. 크릭과 윌킨스는 왓슨만큼 노골적이지 않았고 죄책감을 느끼긴 했지만 역시나 진실 고백에는 소극적이었다.

정직하다는 건 용기와 자신감이 있다는 것

발명왕 토머스 에디슨 역시 영욕에 눈이 멀어 정직하지 못한 행동을 저질렀다. 그는 뉴욕시에서 사용할 '직류' 방식의 전력 공급 시스템을 설계했는데, 전기공학자 니콜라 테슬라Nikola Tesla가 훨씬 우수한 방식인 '교류'를 개발했다.[17] 교류는 직류 방식보다 더 멀리 전기를 보낼 수 있고 전선이 잘 부식되지 않으며 자유롭게 전압을 바꿀 수 있다는 장점이 있다. 에디슨은 직류 방식이 채택되도록 하기 위해 사람들을 모아 놓고 산 채로 개와 고양이를 교류 전기로 태워 죽이는 실험을 여러 번 실시했다. 또한 사형 집행 도구로 교류 전기를 사용하는 전기의자를 발명하여 교류의 위험성을 대대적으로 부각시켰다. 하지만 결국 그는 패자가 되었다.[18]

미국의 물리학자 리처드 파인만은 과학적 사고는 전적으로 정직성을 바탕으로 해야 한다고 말하면서 "불리한 것까지 모두 말해야 한다. 유리한 것만 말해서는 안 된다"라고 덧붙였다. 정직이란 말은 자신의 생각이 옳은 이유뿐만 아니라 불리한 증거와 배경을 함께 이야기해야 되는 것을 의미한다. 솔직하게 자신의 결점을 드러내는 것이 정직이다.[19]

파인만이 '초전도성' 연구를 진행할 때 보인 언행은 그가 정직을 적극적으로 실천하는 과학자임을 보여 준다. 초전도성은 금속을 매우 낮은 온도로 냉각했을 때 전기 저항이 완전히 사라지는 현상이다. 그는 초전도성에 관해 자신만의 이론을 정립했으나 다른 물리학자 3명이 초전도 현상을 미시적 과정으로 설명한 'BCS 이론'을 내놓자 즉각 그들의 이론이 옳음을 인정했다. 오히려 그는 기회가 있을 때마다 BCS 이론의 우수성을 칭찬했다. 물리학자 존 그리빈John Gribbin은 자신이 집필한 파인만의 전기에 "그의 정직성은 다른 사람들이 같은 함정에 빠지는 것을 막아주었다. 그리고 옳은 방향으로 나아간다고 자기 스스로를 속이는 것을 경계하는 능력을 명료하게 보여 줬다"고 썼다.[20]

자신에게 불리한 것을 감추지 말고 떳떳이 밝히는 용기가 필요하다. 자신의 생각이 틀릴 수 있음을 인정하고 사물을 최대한 객관적으로 바라보려는 정직한 마음, 과학자들뿐만 아니라 우리모두가 갖춰야 할 덕목이다.

처음 찍은 답보다
고친 답이 유리한 이유

찍은 답은 고치는 게 유리할까, 그대로 두는 게 유리할까? 통계적으로는 고친 답이 유리하다. 하지만 가장 피해야 할 것은 고쳐야 하는지, 말아야 하는지 고민하다가 시간을 허비해서 다른 문제도 풀지 못하게 되는 것이다.

누구나 객관식 문제를 풀 때 2개의 선택지 중 무엇이 답인지 헷갈렸던 경우를 경험했을 것이다. 이럴 때 처음에 찍었던 답을 고수해야 할까, 아니면 다른 답으로 바꿔 써야 할까?

아마도 많은 이가 어디선가 "처음에 찍은 답이 맞을 확률이 높다. 답을 바꾸면 틀리기 쉽다"는 이야기를 들어 봤을 것이고 그 조언을 따르는 게 유리하리라 생각할 것이다. 실제로 심리학자 저스틴 쿠르거Justin Kruger가 텍사스주립대학교 대학생들을 대상으로 실시한 설문 조사에서도 답을 바꾸는 게 유리하다고 믿는 학생들은 16퍼센트에 불과했다.[21] 하지만 진짜 그럴까? 무엇이 정답인지 아리송할 때에는 처음에 찍은 답을 고수하는 게 정말 유리할까?

처음 찍은 답이 유리하다는 믿음의 환상

결론적으로 그런 믿음은 옳지 않다. 직감으로 찍은 최초의 답을 고수하는 것은 대개 불리하다. 70년이 넘는 기간 동안 이를 지지하는 연구 결과가 여러 학자에 의해 계속해서 제시됐다. 그럼에도 불구하고 '처음 찍은 답을 고수하는 쪽이 유리하다'는 통념이 쉽게 바뀌지 않는 것이 신기하다. 그래서 쿠르거는 '최초 직감의 오류First Instinct Fallacy'라고 불리는 일종의 '미신'을 다시금 규명하기 위하여 실험을 고안했다.

그는 먼저 2000년 가을 학기에 '심리학 개론' 과목을 신청한 1561명의 일리노이주립대학교 학생들의 중간고사 시험 결과를 분석했다. 이 실험은 객관식으로 치러졌는데 학생들은 처음에 적은 답을 다른 답으로 바꾸려면 지우개 대신 '지우기 마크'에 표시를 해야 했다. 학생들이 어떤 문항의 답을 교체했는지 그리고 교체한 답이 정답인지 쉽게 파악하기 위한 장치였다.

학생들은 총 3291개 문항의 답을 고쳤다. 고친 문항 중 25퍼센트는 오답이었고 51퍼센트는 정답을 맞혔다. 나머지 23퍼센트는 처음의 답과 나중에 선택한 답이 모두 오답인 경우였다. 문항 단위가 아니라 학생 단위로 분석하니 답을 바꿈으로써 점수를 얻은 학생은 54퍼센트, 답을 교체해 틀린 학생은 19퍼센트였다. 이를 통해 처음의 직감과 반대되는 답으로 바꾸는 것이 2배나 유리하다는 사실이 다시 한 번 증명되었다. 그렇지만 시험에 임했던 학생들의 생각은 여전히 최초 직감의 오류에 빠져 있었다. 학생들 중 51명을 무작위로 뽑아 최초의 답이 맞을 가능성과 교체한 답이 맞을 가능성을 물었더니 75퍼센트의 학생이 최초의 답이 정답일 거라고 했다.

쿠르거는 "처음의 답을 고수하는 것이 유리하다"는 환상을 갖는 원인을 파악하기 위해서 학생들에게 1번 문제는 처음의 답을 바꿔서 틀렸고, 2번 문제는 처음의 답을 고수해서 틀렸다는 가상의 상황을 제시했다. 그런 다음, 어떤 경우가 더 후회스럽고 자신이 더 바보처럼 느껴지는지 물었다. 대부분의 학생은 1번 문제가 더욱 후회스럽다고 답했고, 1번 문제를 놓친 게 더욱 바보스럽다고 대답했다. '답을 바꾸는 바람에 틀린 것'을 '답을 고수하여 틀린 것'보다 더 안타까워했던 것이다.

인간은 확신이 없어도 고수하려고 든다

쿠르거는 이렇게 처음의 답을 고수하려는 경향을 가능하면 손실이 발생하는 경우를 피하려는 인간의 '손실 회피' 성향과 연결시켜 설명한다. 최초에 선택한 답을 '포기할 때 입을 손실'을 '포기하여 얻을 이득'보다 더 크게 느낀다는 의미다. 답을 바꿔서 틀렸던 경험이 답을 변경하여 이득을 본 경험보다 뇌리에 더 강하게 박히는 법이니까.

'최초 직감의 오류'는 2가지 대안 중 하나를 결정할 때 범할 수 있는 심리적 오류다. 처음에 선택된 대안에 확신이 없어도, 그래서 다른 대안으로 바꿀까 말까 고민이 돼도, 최초의 대안을 고수하려는 인간의 관성을 설명해 준다.

항상 그런 것은 아니지만, 본능적으로 느낀 답을 다른 것으로 바꿀 때가 '통계적으로' 유리하다. 베스트셀러 작가 말콤 글래드웰Malcolm Gladwell은 '척 보고 알아차린다'는 의미의 '블링크blink'의 중요성을 강조한 바 있다.

하지만 블링크는 전문가적인 식견과 경험이 충분히 축적되었을 때 의미를 가진다. 경험과 지식이 없는 상태에서 '필feel' 받아서 내린 결정은 주사위를 던져 답을 선택하는 것보다 못할 수 있다. 앞으로 객관식 시험을 볼 때 아리송한 문제를 접한다면, 처음에 찍은 답을 의심해 보기 바란다. 다른 답으로 바꾸든 아니면 고수하든, 그것은 각자의 선택이지만 말이다.

나이가 들수록
왜 시간은 빨리 갈까

일 년처럼 긴 하루를 보냈거나, 한 시간처럼 일주일이나 한 달이 훌쩍 지나가 버렸다고 느낀 적이 있을 것이다. 이런 현상은 나이가 들수록 더 두드러진다. 하지만 지나간 시간을 아쉬워하기보다는 여유를 가지고 다가올 시간을 준비해야 한다.

바쁜 일상에 치이다가 어느 순간 정신을 차리고 보면 몇 년이 훌쩍 지나가 있다. 시간이 흐르는 속도는 나이를 먹을수록 더 빠르게 느껴진다. 흔히 10대에는 시속 10킬로미터로, 50대에는 시속 50킬로미터의 속도로 흐른다지 않는가? 왜 그럴까? 시간은 누구에게나 똑같이 주어졌는데 나이가 들수록 시간이 빨리 흐르는 것처럼 느껴지는 이유는 뭘까? 여기엔 3가지 가설이 있다.

우선 첫 번째 가설은 이렇다. 여덟 살짜리 아이에게 1년은 인생 전체에서 8분의 1을 차지한다. 반면에 50세 장년에게 1년은 인생의 50분의 1에 해당한다. 이렇게 나이가 들수록 1년이라는 시간이 인생 전체에서 차지하는 비중이 줄어들기 때문에 시간이 빨리 지나가는 것처럼 느껴진다는 것이다. 물론 이 가설이 성립되려면 자신이 살아온 시간을 정확하게 인지해야 한다.

그러나 인간의 시간 지각력은 그리 훌륭하지 못하다. 10년 전의 사건과 12년 전의 사건을 각각 제시하면 어떤 것이 더 오래됐는지 구분하기 어렵다. 일기나 주변인의 증언 같은 도움이 없다면 두 사건 모두 어렴풋이 기억되거나 서로 뒤섞인다. 그럼에도 불구하고 인간이 시간을 잘 지각한다고 착각하는 이유는 시계나 달력과 같은 대체물을 발명해 왔고 그것들을 사용하는 데에 익숙하기 때문이다. 따라서 첫 번째 가설은 신빙성이 떨어진다.

두 번째 가설은 "젊었을 때에는 진학, 입대, 취직, 결혼, 출산 등 새로운 경험들이 많아 시간을 다채롭게 보내지만 나이가 들면 새롭다고 여길 사건이 점차 줄어들어서 그만큼 기억에 남는 경험도 많지 않기 때문"이다. '회상 효과'라고도 불리는 이 가설은 일리가 있긴 하지만, 요즘처럼 기억에 남을 만한 사건 사고가 많을 때에는 잘 들어맞지 않는 것 같다. 하루가 멀다 하고 쏟아져 나오는 첨단 신제품들이 진열대에서 반짝반짝 빛을 내며 우리를 유혹하지 않는가? 인터넷, 스마트폰, 특수 효과가 빵빵한 영화, 생생한 가상 현실 등 우리는 과거 어느 때보다 새로운 것

들에 둘러싸여 있고 앞으로는 더욱 그럴 것이다. 두 번째 가설
역시 옳다고 보기 어렵다.

나이와 생체 시계의 상관관계

세 번째 가설은 인간의 신진대사 속도가 나이가 들면서 점점 느
려지기 때문이라는 것이다. 심리학자 퍼거스 크레이크Fergus I. M.
Craik와 재닌 헤이Janine F. Hay는 이 가설을 뒷받침하는 근거를 실
험을 통해 제시했다.[22]

그들은 18~32세 사이의 젊은이 30명과 63~83세 사이의 노
인 30명에게 각각 눈을 감고 30초의 시간을 속으로 짐작해 보라
고 했다. 젊은이 그룹은 약 40초가 흐른 후에 30초가 되었다고
답한 반면에 노인 그룹은 60초 정도가 흐른 다음에야 30초가 되
었다고 답했다. 60초와 120초를 각각 세어 보라고 해도 결과는
마찬가지였다.

이번에는 30초의 시간을 제시한 다음 얼마나 흘렀는지 추측
하라고 했다. 젊은이들은 대략 25~30초 정도라고 비교적 정확
하게 답한 반면, 노인들은 20초도 안 된다는 반응을 보였다. 2분
이 지난 다음 노인들에게 얼마나 시간이 지났는지 짐작하라고

하자 40초밖에 안 됐다는 답이 다수를 이루었다.

40초가 지났다고 대답했지만 실제로는 2분이나 흘렀다는 설명을 들으면 노인들은 이런 반응을 보일 수밖에 없다. "아니, 시간이 벌써 그렇게 많이 흘렀어? 시간이 정말 빨리 가는구먼!" 이 실험은 느려진 생체 시계가 시간이 빨리 흐르는 것처럼 느껴지게 만드는 요인임을 강하게 뒷받침한다.

최근 미국 캘리포니아대학교 로스앤젤레스캠퍼스UCLA의 스티브 호바스Steve Horvath 교수는 인체 세포 조직과 장기의 생물학적 나이를 알려 주는 'DNA 생체 시계'를 발견했다.[23] 연구 결과, DNA 생체 시계는 20세 전후에 가장 빨리 움직이지만 이후 나이를 먹을수록 일정한 비율로 속도가 느려졌다. 그는 이론적으로 생체 시계를 조정하면 노화를 늦추고 젊음을 유지할 수 있는 치료법과 신약 개발도 가능할 것이라고 말한다. 어쩌면 이 치료법으로 인해 나이를 먹을수록 시간이 빨리 가는 것처럼 느껴지는 '증상'도 완화될지 모른다.

바쁠수록 여유를 가져야 하는 이유

하지만 DNA 생체 시계를 조정하면서까지 정상적인 노화 과정을 거스를 필요가 있을까? 나이가 들수록 시간이 질주하는 듯한 느낌은 어쩌면 세월을 허송하지 말고 하루하루를 의미 있게 살아야 한다는, 인생의 조용한 명령이 아닐까? '왜 이리 시간이 빨리 가지?'란 생각이 든다는 것은 앞으로만 내달리지 말고 가끔은 뒤를 돌아보며 성찰하고 계획하라는, 어쩌면 내 몸이 나에게 건네는 좋은 신호일지 모른다.

그러니 이제 시간의 속도가 빠르게 느껴지는 날에는 스스로에게 브레이크를 걸고 잠시 산책을 나서는 게 어떨까? '나와 만나는 시간'을 가져 보는 것이다. 관성에 젖은 채 사는 건 아닌지, 과거에 천착해 변화를 거부하는 건 아닌지, 남은 삶을 어떻게 살아야 하는지, 스스로에게 묻고 스스로 답하자. 이것이 시간이라는 기차를 잠시 멈추고, '잊혀진 나'를 기차에 승차시키는 방법이다. 나를 만날 수 없다고 해도 상관없다. 산책 같은 가벼운 운동이 신진대사를 활발하게 하여 시간의 흐름을 늦추는 데 도움이 될 테니 말이다.

이 글을 읽는 데 시간이 얼마나 지났을까? 정답은 시간의 날줄과 씨줄을 엮는 우리 마음속 생체 시계에 있다.

현명하게 결정하려면
입증하기 전에 반증하라

몇몇 사람은 어떤 현상을 사실이라고 믿거나 스스로 결론을 내리면 그것이 맞든 틀리든, 옳든 그르든 우기고 밀어붙인다. 그리고 자신의 믿음에 반하는 의견과 근거들을 무시한다. 그들의 맹목적이고 확고한 믿음에 특별한 근거가 없는데도 말이다. 도대체 왜일까?

'A, K, 2, 7'이 각각 적힌 카드를 보여 주고 이 중에 2장을 뽑아서 '한쪽 면에 모음이 있으면 반대쪽 면에는 짝수가 있다'는 명제를 증명해 보라고 한다면 많은 사람이 'A'와 '2'를 선택한다. 하지만 'A'와 '7'을 동시에 택하는 사람은 4퍼센트에 불과하다. 이 명제가 틀렸음을 증명(반증)하려면 대우 명제인 '한쪽 면에 홀수가 있으면 반대쪽 면에는 자음이 있다'를 확인하기 위해 '7'도 뒤집어 봐야 하는데 말이다. 이것은 우리가 반증하기를 굉장히 꺼린다는 점을 단적으로 보여 준다.

반증을 꺼리는 성향은 한 사람의 삶을 불행하게 만들었다. 이탈리아의 수학자 파올로 루피니paolo ruffini는 5차 방정식을 풀 수 있는 공식은 존재하지 않음을 처음으로 주장했다.[24] 우리가 고등학교 때 지겹도록 외웠던 2차 방정식의 '근의 공식'과 같은 것을 5차 방정식에서는 찾을 수 없다고 말이다. 그러나 루피니의 증명에는 치명적인 오류가 있었다. 그는 자신의 증명을 무려 2권의 책으로 출판하여 사람들에게 알렸다. 당시 위대한 수학자 중하나였던 조제프 루이 라그랑주Joseph Louis Lagrange에게도 세 차례나 자신의 책을 보내 증명을 검증해 줄 것을 요청했다. 하지만 라그랑주는 아무런 답장을 하지 않았다. 이처럼 사람들은 루피니의 증명에 별 관심이 없었다. 왜 그랬을까?

첫 번째 이유는 그의 증명이 너무나 복잡하고 길었기 때문이다. 5차 방정식 문제가 당시 수학자들의 주요 연구 테마 중 하나였지만, 수세기 동안 골머리를 앓게 한 '페르마의 마지막 정리' 같은 문제가 아니고서는 그렇게 복잡하고 방대한 증명에 관심을 쏟을 여유가 없었던 것이다.

두 번째 이유는 5차 방정식에는 근의 공식이 없다는 '부정적인 결론'을 검증하는 데 노력하고 싶지 않은 심리 때문이었다. 수학자들은 오랜 세월에 걸쳐 3차 방정식과 4차 방정식에서 근의 공식을 찾아냈기에 5차 방정식에도 근의 공식이 존재한다고 추정했고 난해하더라도 언젠가 모습을 드러내리라 믿었다. 5차 방정식에도 근의 공식이 존재한다고 막연한 믿음을 가졌던 수학자들은 루피니의 반론이 별로 마음에 들지 않았던 것이다. 무려 책 2권 분량의 복잡한 증명 과정 때문에 더더욱 그랬다.

너무 늦어 버린 증명과 믿음

루피니는 사람들의 관심을 받고자 10여 년에 걸쳐 간단한 증명을 발견하려고 몰두했지만 이마저도 끝내 인정받지 못했다. 절망한 그는 수학자의 삶을 버리고 발진티푸스를 연구하고 치료하는 의사로 살다가 1822년에 생을 마감했다.

그가 사망하기 1년 전에 위대한 수학자 오귀스탱 루이 코시 Augustin Louis Cauchy가 5차 방정식 연구에 대한 루피니의 공로를 치하했지만 너무 늦고 말았다. 결국 그가 사망한 후 노르웨이의 수학자 닐스 헨리크 아벨Niels Henrik Abel은 루피니의 증명에 오류가 있음을 발견했고, 루피니의 주장처럼 5차 방정식에는 근의 공식이 없음을 올바르게 증명해 냈다.

만일 루피니가 살아 있을 때 누군가 그의 증명을 반증해 주었더라면, 즉 그의 증명 오류를 규명해 주었더라면 그는 다른 방식으로 일찌감치 선회했거나 깨끗이 증명을 포기하고 다른 분야에서 활약하며 행복하게 살았을지 모른다.

어쩌면 루피니의 불행한 삶은 반증을 회피하려는 사람들의 심리에서 비롯됐다고 해도 과언이 아니다. 일반적으로 우리는 'A이면 B다'라는 믿음을 한번 가지게 되면 이 믿음이 옳다는 것을 뒷받침하려고 한다. 심리학자 C. 마이넛에 따르면, 자신의 믿음이 명백하게 오류임이 밝혀져도 70퍼센트의 사람은 여전히 그 믿음이 옳다고 여긴다. 믿음을 증명(입증)하는 근거만 눈에 들어오고 믿음을 부정(반증)하는 근거는 무시하는 것이다. 멋진 성과를 만드는 데에만 집중하느라 자신의 잘못과 실수를 발견하지 못하는 오류에 빠지지 않도록 유의할 필요가 있다.

화장실에 걸린 휴지로 알아보는
나의 성향

화장실 변기에 앉았을 때 책을 읽는 사람도 있고, 모바일 게임을 즐기는 사람도 있다. 이제는 자기 자신을 돌아보는 시간을 가져 보면 어떨까? 휴지가 걸린 방향에 대한 선호도에 따라 그 사람의 성향을 엿볼 수 있기 때문이다.

"화장실에 휴지를 잘못 걸어 놓으셨군요. 그렇게 걸면 안 돼요."

우리 사무실에 딸린 화장실(애석하게도 남녀 공용 화장실이다)을 사용하고 나온 아내가 다짜고짜 나에게 편잔을 주었다.

"뭘 잘못 걸었다고 그래요?"

"휴지 끝의 방향이 뒤로 늘어뜨려져 있잖아요. 방향을 바꿔서 앞으로 늘어뜨리게 해야 돼요."

그는 그냥 두고 볼 수 없어서 자기가 손수 방향을 바꿔 놓고 나왔다고 덧붙이는 게 아닌가?

"휴지를 앞으로 늘어뜨려야 좋다는 근거라도 있어요?"

내가 이렇게 반박하니 아내는 더 알듯 모를 듯한 대답을 했다.

"그래야 사용하기 편하고 휴지도 덜 쓰게 되거든요."

나는 아리송했다. 두루마리 휴지의 끝이 앞쪽으로 늘어뜨려진 상태, 즉 '롤 오버roll over'가 뒤쪽으로 늘어뜨려진 상태인 '롤 언더roll under'보다 낫다는 아내의 주장이 과연 옳은지 궁금했다. 만일 아내의 말대로 두루마리 휴지가 롤 오버 상태일 때 휴지를 덜 쓰게 되는지 알려면 적어도 몇 개월 동안 실험을 해서 실제 휴지 사용량을 비교하면 되겠지만 그러면 지금 당장 확인하는 건 불가능했고 앞으로도 그렇게 해 볼 여력은 없었다.

궁금해서 연구 자료가 있나 찾아보았더니, 세상에! 이런 걸

:: 롤 오버(좌)와 롤 언더(우). 당신은 어느 쪽을 선호하는가?

연구하고 조사하는 사람들이 있구나![25] 그런데 몇몇 연구는 서로 반대되는 결론을 내놓았기 때문에 롤 오버 방식이 휴지 사용량을 줄인다는 주장이 옳다고 볼 수는 없었다. 그리고 나는 롤 오버가 휴지를 사용하기 더 편한 방식이라는 아내의 말도 받아들이기 어려웠다. 아마도 롤 언더 상태면 변기에 앉아 있는 사람으로부터 휴지 끝이 조금쯤 더 멀리 있으니까(아마도 10센티미터 정도) 그렇게 말한 것이 아닐까 추측된다. 하지만 과연 그 거리 차이가 좁은 화장실 안에서 휴지 사용에 불편을 야기할 정도일까? 또한 롤 언더 방식일 때 휴지 사용량이 더 많다는 주장도 그렇다. 휴지 끝이 사용자로부터 더 멀리 있기 때문에 더 많은 휴지를 자기 쪽으로 끌어당기게 되고 그래서 휴지를 더 많이 쓰게 된다는 이유로 이런 주장이 나온 것 같은데, 어느 정도 일리가 있긴 하지만 정확한 실험 결과가 없으니 아리송했다.

화장실 휴지가 그 사람의 투자 성향을 알려 준다?

여러분은 롤 오버와 롤 언더 중 어떤 방향이 더 마음에 드는가? 미국에서 실시된 여러 설문 조사에 따르면 60~70퍼센트의 사람이 롤 오버를 선호한다고 한다. 이렇듯 롤 오버가 대세인 건 확실하지만(그래서 호텔의 화장실은 죄다 롤 오버인 모양이다) 반대로 생각하면 롤 언더를 좋아하는 사람도 30~40퍼센트나 된다는 뜻 아닌가? 롤 오버를 좋아하는 사람들이라면 의아해할 만큼 높은 수치다.

롤 언더 선호자들은 롤 언더가 좀 더 정돈된 모습이고(휴지 끝이 벽에 가까이 있는 걸 보고 이렇게 여기는 듯하다), 걸음마를 뗀 아이나 반려동물이 휴지를 다 풀어헤칠 가능성이 적으며(롤을 아래 방향으로 돌려도 휴지가 풀리지 않고 다시 감겨지기 때문이다), 캠핑카처럼 움직이는 공간에서 저절로 풀어지지 않기 때문에(이 부분은 납득이 가지 않는다) 선호한다고 그 이유를 밝혔다. 롤 오버와 롤 언더 양측 모두 나름 일리 있는 주장을 펼치고 있기에 어떤 방식이 올바른 화장실 사용에 부합되는지 꼬집어 말할 수는 없다.

확실하게 지적할 수 있는 것은 롤 오버를 선호하는 사람과 롤 언더를 지지하는 사람들 사이에 성격 차이가 존재한다는 점이다. 심리학자 길다 칼Gilda Carle 박사는 18~74세 사이의 남녀 2000명을 대상으로 한 연구를 통해 롤 오버를 선호하는 사람은 인간관계에서 좀 더 주도적이고 적극적이며 타인에 대해 지배적인 성향이 더 강하다는 결론을 내렸다.[26] 반면 롤 언더를 선호하는 사람은 상대적으로 순종적이고 친화적이며 유연한 성격을 지녔고 다른 사람의 감정에 더 많이 공감한다고 밝혔다.

흥미로운 점은 5명 중 1명은 다른 사람의 집에서 휴지가 걸린 방향을 바꿔 놓는다는 사실이다. 아마도 롤 오버를 선호하는 사람이 그랬을 것 같다. 롤 오버 선호자들이 휴지가 걸린 방향에 더 민감하고 짜증을 잘 낸다는 킴벌리 클라크 사(휴지를 만드는 회사다!)의 조사도 있으니 말이다. 내 사무실의 화장지 방향을 손수 바꿔 놓았다는 아내(롤 오버 선호자)도 예외는 아니었던 것이다.

그런데 롤 오버를 선호하는 사람의 수입은 롤 언더를 선호하는 사람보다 높을까, 낮을까? 신기하게도 이런 질문을 던진 설문 조사가 있다.[27] 롤 언더 사람들 중 73퍼센트의 연 수입이 2만 달러 이하인 반면, 롤 오버 사람들 중 60퍼센트의 연 수입은 5만 달러가 넘는다고 한다. 평균적으로 롤 오버인 사람의 수입이 더 많다는 의미다. 모두 그런 것은 아니겠지만, 롤 오버를 선호하는 사람들의 적극적이고 위험을 감수하는 성격이 더 많은 수입 창출로 이어질 가능성이 높아서일 것이다.

하지만 휴지를 거는 방향을 롤 오버로 바꾸면 수입이 늘 거라고 이해할 독자는 없기를 바란다. 논리적으로 'A이면 B다'가 참이라고 해서 'B이면 A다'가 반드시 참은 아니기 때문이다. 그리고 휴지를 거는 방향은 개인의 선호니까 앞으로 남의 집 화장실 휴지를 마음대로 바꿔 놓는 무례는 범하지 않는 게 좋겠다. 특히 내 아내 같은 롤 오버 선호자들이 명심해야 할 사항이다.

아끼지 말고 자꾸 써야
발달하는 우리의 뇌

흔히 우리는 나이가 들면 머리가 굳는다고 말하지만 단지 판단력과 정보 처리 능력
이 떨어진 것뿐이다. 인간의 뇌는 근육처럼 쓰면 쓸수록 발달한다. 우리의 뇌는 차갑
고 딱딱한 컴퓨터가 아닌 것이다.

1955년 4월 18일, 물리학자 알베르트 아인슈타인이 사망한 후
많은 과학자가 그의 뇌를 특별히 궁금해했다. 뉴턴의 절대론적
과학관을 무너뜨리는 상대성 이론을 제시하고 양자 물리학의 기
초를 닦은 20세기의 위대한 지성이었기에 당연히 그의 뇌가 보
통 사람들의 뇌와는 다른 부분이 있을 거라고 추측했던 모양이
다. 들어 본 적 있겠지만, 아인슈타인의 시신을 부검한 병리학자
토머스 하비Thomas Harvey는 그의 뇌만 빼고 시신을 가족에게 돌
려주었다. 하비는 아인슈타인의 가족을 어찌어찌 설득해 그의

뇌를 연구할 수 있도록 승낙을 받아 냈다. 결국 아인슈타인의 뇌는 240개의 덩어리로 나뉘어 여러 신경학자들에게 보내졌다.

아인슈타인의 뇌 구조를 조사한 신경과학자 샌드라 위틀슨 Sandra Witelson은 '하두정소엽'이라는 부분이 일반인들의 것에 비해 상당히 크고 형태도 특이하다는 점을 발견했다.[28] 하두정소엽은 공간적 추리력과 수학적 직관력을 관장하는 부분이다. 위틀슨은 이 부분이 평균 이상으로 발달하였기에 아인슈타인이 일반 상대성 이론과 같은 천재적인 업적을 달성한 게 아닐까 추측했다. 하지만 특별하게 발달한 하두정소엽을 아인슈타인만 가지고 있는 게 아니다. 수학자와 일반인의 뇌를 비교해 본 신경학자 쿠빌레이 에이딘Kubilay Aydin이 수학자들의 하두정소엽이 상대적으로 크다는 사실을 밝혔으니 말이다.[29]

쓸수록 발달하는 우리의 뇌

그렇다면 왜 뇌의 특정 부위가 평균 이상으로 큰 사람이 존재하는 걸까? 그 이유는 간단하다. 어느 하나의 능력을 집중적으로 개발하면 그 능력을 관장하는 뇌의 부위가 발달하기 때문이다. 이런 사실을 극적으로 보여 주는 예가 바로 런던의 택시 기사 이야기다. '올 런던All London'이라고 불리는 런던의 택시 면허 시험은 세계에서 가장 어렵다고 알려져 있다. 모든 도로와 주택 단지뿐만 아니라 공원, 관청, 호텔 등 손님이 목적지로 요청할 가능성이 있는 모든 장소를 알아야 하고 가장 이상적인 경로를 꿰뚫고 있어야 시험에 통과할 수 있기 때문이다. 그래서인지 지망생들 중 절반 이상이 탈락하거나 포기한다.

신경학자 엘리노어 맥과이어Elenor McGuire는 런던의 택시 운전사 16명의 뇌를 자기 공명 영상 장치MRI로 관찰했는데, 공간 탐색과 위치 기억력을 관장하는 '해마'의 뒷부분이 택시 운전사가 아닌 사람보다 컸다. 같은 대중교통 분야에서 일하는 버스 운전사들과 비교해도 역시나 그들보다 상당히 컸다. 버스는 정해진 길을 가는 반면 택시는 매번 길 찾기를 해야 하기 때문이었다.

그런데 이런 의문을 가질지 모르겠다. 택시 운전을 오래 해서 해마가 커진 게 아니라 애초에 해마가 큰 사람들이 택시 면허 시험을 통과한 것은 아닐까? 맥과이어는 후속 연구를 통해 혹독한 교육을 거쳐 택시 면허를 취득한 사람은 시험 전에 비해 해마의 뒷부분이 커진다는 것을 발견했다. 모든 장소와 이동 경로를 학습하는 과정 덕에 해마가 발달했다는 뜻이다.

우리의 뇌는 트렌스포머다

컴퓨터보다 뇌가 훨씬 오래전에 생겨났음에도 불구하고 사람들은 뇌를 CPU나 메모리에 비유하기를 즐긴다. 이런 비유는 인간의 뇌가 CPU의 성능처럼 한계가 있다는 고정관념을 형성시키고, 학습 과정은 메모리에 소프트웨어를 띄우는 일과 같다는 인상을 갖게 만든다. 수학자와 런던 택시 기사의 사례에서 보듯이 우리의 뇌는 훈련을 통해 언제든 커지고 더 발달할 수 있는 성질을 지닌다. 집중적인 근육 운동을 하면 근육이 발달하는 것과 다를 바 없다. 이를 '가소성plasticity'이라고 부른다. 이런 관점에서 진정한 의미의 학습이란 뇌의 구조가 변화하는 과정이라고 봐야 옳다.

이러한 뇌의 가소성은 크기에서만 나타나지 않고 '역할의 재배치'에서도 효과를 발휘한다. 시각 장애인들의 시각 피질은 그 기능이 정지해 버린 '암흑 지대'라고 간주하기 쉽지만, 뇌는 손가락으로 점자를 읽는 감각에 민감하게 반응하고 의미를 해석하도록 시각 피질에 새로운 기능을 할당한다. 이래도 우리 뇌를 컴퓨터에 비유하고 싶은가?

최근 나는 눈앞의 글씨가 잘 보이지 않아 머리 위에 안경을 걸쳐 놓는 일이 많아졌다. 나이가 드니 소위 '노안'이 찾아온 것이다. 안과 의사는 나에게 어쩔 수 없는 과도기니 받아들여야 한다고 조언 아닌 조언을 했다. 하지만 그는 연습을 통해 노안을 극복할 수 있다는 이스라엘 신경학자 유리 폴라트Uri Polat의 연구를 알지 못한 것이 틀림없다.[30]

그는 참가자들을 대상으로 일주일에 3번, 30분씩 시력 훈련을 실시했다. 그 훈련이란 배경색과 색이 아주 비슷해서 분간하기 어려운 물체를 보고 그것이 무엇인지 알아맞히는 것이었다.

3개월 후 참가자들은 예전보다 60퍼센트 더 작은 글씨를 읽을 수 있게 되었다. 그런데 이는 참가자들의 수정체가 탄력을 회복해서가 아니었다. 눈으로 들어오는 시각 정보를 더 잘 해석해 냈기 때문이었다.

우리의 뇌는 물렁물렁하다. 아인슈타인의 업적까지는 아니더라도 그 어렵다는 런던에서의 택시 운전쯤은 얼마든지 할 수 있고 불편한 노안도 극복할 수 있다. 물론 집중적인 훈련과 의지가 뒷받침된다면 말이다.

다이어트에 성공하려면
부담을 분산시켜라

다이어트에 성공하기 위해서는 무조건 적게 먹거나 굶어야 한다고 생각하는 사람이 많다. 하지만 중요한 것은 '얼마나' 먹느냐 보다 '어떻게' 먹느냐다. 그리고 어떻게 먹으면 좋을지 그 방법은 '한 번에 얼마나 먹을지'로 귀결된다.

연초가 되면 많은 사람이 여러 목표 중 하나로 '살 빼기'를 설정한다. 그리고 그 목표가 제대로 이루어지지 않은 사람도 많을 것이다. '다이어트는 내일부터'라는 말을 반복하며 여전히 '치맥'을 즐기고 있지 않은가? 멀리서 찾을 것도 없다. 내가 바로 밤마다 '기필코 다이어트!'를 외치는 사람 중 하나이니 말이다.

살이 찌지 않으면서도 맛있는 음식을 맘껏 즐길 수 있는 방법은 없을까? 이런 말을 하면 운동을 권하는 경우가 대부분이지만, 운동은 오히려 입맛을 좋게 하여 뱃구레를 늘려 버린다. 그래서 운동을 중단하면 고스란히 살로 축적되어 다이어트고 뭐고 포기하기 십상이다. 게다가 섭취한 칼로리보다 더 많은 칼로리를 운동으로 태워야 살이 빠지기 때문에 운동은 습관이 들기 전까지 괴로움 그 자체다. 조각 케이크 하나에 해당되는 칼로리(500킬로칼로리)를 모두 연소시키려면 10킬로미터 정도 뛰어야 하니까 말이다.

과식과 폭식은 여러모로 좋지 않다

분자생물학적으로 살찌지 않으면서 미식을 즐기는 방법은 한 번에 먹을 양을 조금씩 나누어 자주 먹는 것이다. 질량 보존의 법칙을 떠올리면 이 방법은 이치에 맞지 않는 듯 보인다. 한 번에 먹든 몇 번에 나눠 먹든 몸 안으로 들어가는 음식의 양은 똑같으니 축적되는 체지방도 같지 않을까? 1000킬로칼로리를 섭취했을 때 100그램의 체지방이 쌓인다면, 100킬로칼로리를 섭취할 때는 10그램의 체지방이 생기지 않을까? 그러니 1000킬로칼로리를 10번에 나눠 먹어도 체지방은 10그램씩 10번, 총 100그램이 쌓일 것만 같다.

하지만 우리 몸의 생리는 그렇게 비례적으로 돌아가지 않는

다. 들어간 양이 많아진다고 그에 따라 아웃풋output이 '선형적'
으로 늘지 않는다. 오디오의 볼륨 조절 다이얼을 돌려 본 사람이
라면 처음에는 소리가 조금씩 커지다가 나중에는 약간만 돌려도
볼륨이 갑자기 커지는 현상을 경험했을 것이다. 인간의 몸도 그
렇게 '비선형적'이다. 1000킬로칼로리를 한꺼번에 먹으면 100그
램의 체지방이 생기지만 100킬로칼로리씩 나눠서 먹으면 10그
램보다 훨씬 적은 체지방이 쌓인다.

　왜 그럴까? 우리가 섭취한 영양소는 몸속에서 최종적으로 포
도당으로 변해 혈액에 스며든다. 그리고 모세 혈관을 통해 각 세
포에 공급된다. 지방 세포는 포도당 수용체를 세포막에 배치시
켜 혈액 속의 포도당을 흡수하고 지방 형태로 저장한다. 이를 관
장하는 기관이 바로 췌장이다.

다이어트 성공의 관건은 우리 몸 속이기

췌장은 인슐린이란 물질을 통해 지방 세포로 하여금 포도당 수
용체를 세포막에 배치하도록 만든다. 혈중 포도당이 갑자기 증
가할 경우 췌장은 다량의 인슐린을 각 세포에 뿌려 대는데, 이
신호를 받은 세포는 인슐린의 양만큼 포도당 수용체를 만들어

낸다. 그러면 다량의 포도당이 지방으로 바뀌어 쌓이게 된다. 포도당이 지방으로 축적되는 걸 최소화하려면 인슐린의 대량 방출을 막아야 하고, 그러려면 조금씩 적게 먹음으로써 "나 많이 먹지 않았어"라며 췌장을 속여야 한다.

그러니까 일하거나 공부할 때 먹을 것을 옆에 두고 오며 가며 조금씩 먹는 것이 고통을 동반하지 않으면서도 살을 빼는 방법이다. 칼로리가 높은 치즈 케이크라 하더라도 앉은 자리에서 단번에 먹지만 않으면 다이어트 걱정은 덜해도 괜찮다. 하지만 사무실이나 학교에서 항상 음식을 꺼내 놓으며 먹을 수는 없는 노릇이다. 된장찌개 백반을 옆에 두고 30분마다 두세 숟가락씩 퍼먹을 수 있는 사람이 몇이나 될까?

다이어트 성공의 관건은 섭취하는 칼로리의 총량이 아니라 칼로리의 체내 흡수 속도라는 점을 떠올리면 해결책이 생긴다. 음식을 한 번에 먹되 칼로리의 흡수 속도가 느린 음식을 먹음으로써 혈당의 갑작스런 증가, 인슐린의 과다 분비, 포도당 수용체의 과다 활성화를 막는 것이다. 어떤 음식물을 소화하고 흡수하는 과정에서 혈당이 높아지는 속도를 수치로 나타낸 값이 '당지수GI, Glycemic Index'다. 흰 쌀밥의 당 지수는 85인 반면 현미는 50이니 같은 양을 먹더라도 식단을 현미로 바꾸면 적어도 쌀밥을 먹었을 때보다 살이 찌는 것은 막을 수 있을 것이다.

유전자가 그린 밑그림에
환경적 요인으로 칠하다

우리의 지능이나 성향은 유전자에 의해 결정되지만 그 발전 가능성은 환경 요인에 의해 얼마든지 달라질 수 있다. 즉 유전자가 그린 밑그림에 환경 요인으로 색을 입히는 것이다. 그러므로 얼마나 훌륭한 작품을 완성시키느냐는 유전형과 환경의 조화에 달렸다.

캐나다 맥길대학교의 제프리 모길Jeffrey S. Mogil 박사와 일리노이 대학교의 연구자들은 생쥐의 꼬리를 뜨거운 물에 담그는, 특이하고 재미있는 실험을 무려 10년 동안 계속했다.[31] 생쥐들은 섭씨 49도 정도의 뜨거운 물에 꼬리를 담그면 뜨거움에 반응하는 속도가 저마다 달랐다. 즉시 꼬리를 빼내는 생쥐가 있는가 하면 어떤 쥐들은 그보다 1~2초 늦게 꼬리를 빼냈고 심지어 3~4초나 늦게 꼬리를 빼는 생쥐도 있었다. 실험실의 환경은 모든 생쥐에게 동일했기 때문에 고통에 대한 민감도 차이는 오로지 생쥐

각각의 특성에 기인한다고 간주할 수 있었다.

그렇다면 생쥐의 어떤 특성이 고통에 대한 민감도를 결정할까? 모길은 10년 동안 계속해 온 실험을 통해 특정 유전형을 가진 쥐들이 다른 쥐들보다 평균적으로 빨리 꼬리를 빼낸다고 잠정적인 결론을 내렸다. 즉, 유전이 고통에 대한 민감도를 결정한다는 결론이었다.

환경이 본능을 압도하다

하지만 이야기는 여기에서 끝나지 않는다. 지난 실험 데이터를 면밀하게 분석한 모길은 유전자 외의 요인이 꼬리를 빼내는 반응에 영향을 끼친다는 사실을 발견했다. 모길이 깨달은 제2의 요인은 바로 '주변 환경'이었다.

생쥐 각각에게 주어진 환경적 차이를 가능한 한 모두 기록해서 그 데이터를 분석한 결과, 생쥐의 유전형보다는 어떤 환경에서 생육되었는지가 더 중요한 변수로 나타났다. 예를 들면 흥미롭게도 '누가' 생쥐를 우리에서 꺼내 와 뜨거운 물에 꼬리를 담갔느냐가 유전자보다도 더 중요한 요인으로 드러났다. 종합적으로 상관관계를 분석하니 꼬리 빼기 반응 시간에 기여한 비중은 각각 유전적 요인이 27퍼센트, 환경적 요인이 42퍼센트, 유전자와 환경 간의 상호 작용이 19퍼센트인 것으로 나타났다.

뜨거운 물에서 꼬리를 빼내는 행동은 단순한 무조건 반사이므로 오직 유전자만 관여할 거라고 애초에 짐작했지만, 뚜껑을 열어 보니 환경이 유전자보다 더 큰 영향을 미쳤던 것이다. 모길은 미로 속에서 먹이를 찾는 행동과 같이 더욱 복잡한 행동을 생쥐에게 학습시킨다면 환경이 미치는 영향은 유전자보다 훨씬 더 클 것이라고 추측했다.

이 실험이 시사하는 바는 유전자뿐만 아니라 환경이 생명체의 행동에 지대한 영향을 미치기 때문에 생명체를 단순히 유전자를 운반하는 숙주나 '유전자 기계'로 보는 생각은 잘못이라는 점이다. 또한 유전자는 기본적인 밑그림일 뿐 그 위에 색깔을 입히는 역할은 환경의 몫이라는 시사점을 준다. 생명체의 행동은 유전자와 환경 간의 합동 작품이지, 어느 한쪽만의 '단독 콘서트'가 아니다. 유전이 학업 성적이나 스킬 등에 미치는 영향도 크지만, 어떤 환경 속에서 학습하고 어떤 피드백을 받으며 성장하는가가 더욱 중요하다.

첫인상을 결정하는 환경

이런 주장을 뒷받침하는 실험이 있다. 누군가가 퀴즈를 내면 상대편 사람이 맞혀야 하는 게임을 지켜보는 관객이 되었다고 가정하자. 퀴즈가 종료된 후에 "두 사람 중 누가 더 똑똑한 사람이라고 생각하는가?"란 질문지를 받는다면 누구의 이름을 쓰겠는가? 심리학자 리 로스Lee Ross가 동료 학자들과 함께 수행한 이 실험에서 관객으로 참여한 스탠퍼드대학교 학생들은 퀴즈를 낸 사람이 퀴즈를 맞혀야 했던 사람보다 더 똑똑하고 아는 것이 많을 거라고 평가했다.[32]

이런 평가가 과연 합리적일까? 퀴즈를 내는 사람은 무작위로 정해졌고 사전에 로스로부터 퀴즈 문제를 건네받았기 때문에 어려운 퀴즈의 답을 미리 알고 있었을 뿐이다. 그리고 퀴즈를 맞혀야 했던 사람은 퀴즈를 맞히기 위해 쩔쩔매는 환경에 우연히 처해졌을 뿐이다. 만약 두 사람이 역할을 바꿔서 실험에 참가했다면 평가는 정반대로 나왔을 것이다. 이처럼 두 사람의 지적 능력이 비슷하더라도 각각 처한 환경에 따라 한 사람은 수재로, 다른 한 사람은 범재로 평가받을 수 있다.

문제는 그렇게 한번 첫인상이 결정되면 아주 오랫동안 고정된다는 점이다. 1968년 심리학자 로버트 로젠탈Robert Rosenthal

은 샌프란시스코의 어느 초등학교를 대상으로 실험을 진행했다.[33] 그는 학생 650명의 지능 검사를 실시한 다음, 각 반에서 무작위로 20퍼센트를 뽑은 뒤 교사들에게 이렇게 거짓으로 알렸다. "이 아이들은 특별히 지능이 높으니 성적이 크게 향상될 가능성이 있다." 8개월 후 로젠탈이 다시 지능 검사를 실시하니 '성적이 크게 오를 것'이라고 교사들에게 통보한 학생들의 지능 지수와 학업 성적이 다른 학생들보다 크게 상승했다. 이처럼 우리의 행동과 습성에 유전이 중요한 역할을 하지만 환경도 그에 못지않게, 아니 어쩌면 그보다 더 중요하다. 아주 사소한 환경의 차이라 해도 말이다.

과도한 목표가
우리를 실패자로 만든다

골인 지점을 너무 멀리 잡은 나머지 출발하기도 전에 지치거나 지레 포기하는 사람들이 있다. 큰 목표를 향해 꾸준히 달리려면 어떻게 해야 할까? 매일매일 작은 성취감을 만끽하는 것이 중요하다.

신년 태양이 떠오르는 것을 보며 으레 사람들은 1년간 달성하고픈 목표를 세운다. 금연이나 다이어트와 같은 단골 목표뿐만 아니라 개인의 발전과 가족의 행복을 위해 필요한 목표들로 신년 다이어리의 첫 페이지가 채워질 것이다. 목표는 삶의 동력이고 목표를 달성함으로써 얻는 보상은 분명 유익하다. 하지만 목표를 수립하는 '현재의 나'가 목표를 달성해 갈 '미래의 나'에게 너무 큰 기대를 걸어서는 곤란하다.

프린스턴대학교의 심리학자 에밀리 프로닌Emily Pronin은 학생들에게 간장과 케첩이 섞인 역겨운 액체를 마시도록 했다.[34] 지금 당장 마셔야 한다면 혹은 다음 학기에 마셔야 한다면 얼마나 마실 수 있을지를 각각 물었더니, 학생들은 지금보다 다음 학기에 훨씬 많이 마실 수 있다고 답했다. 현재의 나보다 미래의 내가 역겨움을 더 잘 참을 거라고 가정한다는 뜻이다. '간장+케첩' 음료는 지금도 역겹고 나중에도 똑같이 역겹다. 시간이 흐른다 해서 역겨움에 대한 내성이 생길 리 없고 목표 달성의 고통이 적어질 리 없지만, 미래의 나는 현재의 나보다 무엇이든 잘 극복할 거라고 생각하는 오류를 범한다.

목표가 클수록 스트레스도 커진다

이렇게 미래의 나에게 목표 달성의 의무를 떠넘기는 오류 때문에 신년에 세운 목표는 연말에 이르러 완료되기는커녕 내년 다이어리에 또다시 올라가 버린다. 그러니 현재의 내가 하기 힘든 일이라면 미래의 나도 하기 힘든 일이라고 간주해야 한다. 그러니 10킬로그램을 감량하겠다는 식으로 원대한 목표치를 잡거나 그런 목표를 여러 개 잡는 것은 절대 금물이다.

목표가 과하거나 많으면 시간을 효율적으로 쓰고 생산적으로 써야 한다는 압박감이 가중된다. 사람들은 평일이든 주말이든 자신이 어떤 영화를 보았고 어디를 구경했으며 누구와 어떤 식사를 했는지 그 내용을 SNS에 올리면서 본인이 얼마나 시간을 알차게 썼는지 자랑한다. 휴가를 떠나면서도 열심히 산 자신에 대한 선물이라고 말하는 사람들을 보면 바쁘게 살거나 적어도 바쁘게 사는 것처럼 보여야 한다는 의무감에 사로잡혀 있는 것 같다. 오랜만에 만난 친구들이 서로 얼마나 바쁜지 '배틀Battle'을 벌이는 광경은 얼마나 우스운가?

시간을 허투루 보내지 말아야 한다는 강박은 당연히 스트레스를 야기한다. 더욱 큰 문제는 이런 스트레스가 뇌를 쪼그라뜨린다는 데 있다. 의학자인 브루스 매큐언Bruce McEwen은 스트레스 때문에 뇌 구조가 변형될 수 있음을 밝혀냈다.[35] 그는 쥐들을 3주 동안 하루 3~4시간씩 묶어 놓고서 뇌를 관찰했는데, 뇌에서 가장 복잡한 부위인 전전두엽과 학습과 기억을 담당하는 해마의 뉴런이 쭈글쭈글하게 수축되었다. 쥐들을 풀어놓으니 뇌는 정상으로 돌아갔지만 늙은 쥐들은 아예 회복하지 못했다.

매큐언은 이런 스트레스가 사회경제적 자원이 적은 사람, 자존감이 낮은 사람, 운동을 적게 하는 사람에게 특히 큰 타격을 준다고 말한다. 그러니까 현재의 상황을 개선시키기 위해 애쓰는 사람일수록 본인이 받는 스트레스의 원인이 원대한 목표에 있지는 않은지 살펴볼 일이다.

매일매일 성공이 쌓이는 시스템을 구축하자

원대한 목표를 잡아야 조금이나마 목표에 가깝게 다가가지 않겠
냐고 반문할지 모른다. 사자를 그리려고 노력해야 고양이라도
그릴 수 있다면서 말이다. 일리가 없는 소리는 아니다. 하지만
원대한 목표를 세우자마자 스스로를 실패자로 낙인찍을 수도 있

:: 쥐의 뇌 부위 중 해마의 뉴런 모습. 뉴런은 기본 신경 세포로서 서로 자극을 주고받
는다.

다는 것에 주의하라. 하루가 지나고 몇 개월이 흘러도 10킬로그램이란 목표는 너무 멀어 보인다. 체중계에 올라설 때마다 한숨을 내쉬는 것도 지겹고 먹고 싶은 것들을 마음껏 못 먹는 스트레스도 힘들다. 매일매일이 실패의 연속이니 체중 감량이란 목표에서 달아나고픈 마음이 든다. 결국 '치맥'의 유혹에 빠지는 바람에 실패를 확인하고 만다.

이를 극복할 방법은 다이어리를 장식한 당신의 목표에 빨간 줄을 긋는 것이다. 그리고 매일 하고 싶은 일을 1~2개만 써 넣어라. '10킬로그램 감량' 목표 대신 '하루 30분 걷기'라든지, '책 1권 쓰기' 대신 '하루 1페이지씩 쓰기'를 목표로 설정하는 것이다. 그러면 매일 성공을 경험할 수 있다. 작은 성공이 차곡차곡 쌓이는 시스템을 구축해야 매일 힘을 얻을 수 있고 결국 큰 성공을 이룰 수 있다.

고친 답이 틀렸을 때
더 뼈아픈 이유

처음 선택한 답과 나중에 고친 답 중 어느 쪽이 틀렸을 때 더 안타깝고 스스로 한심하게 느껴질까? 많은 사람이 후자를 택하는데 이는 처음의 선택을 고수하려는 성향 때문이다. 문제는 이러한 판단이 합리적 과정을 거쳐 결정되는 게 아니라는 점이다.

사람들은 웬만해서는 원래의 선택과 결정을 바꾸지 않는 경향이 있다. 이런 경향을 가장 잘 드러내는 사례를 '몬티 홀 문제Monty Hall Problem'에서 찾아볼 수 있다. 이 문제는 〈거래합시다Let's make a deal〉라는 미국의 유명한 TV 프로그램의 사회자 이름에서 유래된 확률 논쟁으로, IQ가 228에 달하여 1990년 기네스북에 오른 메릴린 사반트Marilyn Savant의 칼럼 〈메릴린에게 물어보세요〉에 처음 소개되면서 유명해지기 시작했다. 문제의 내용은 다음과 같다.[36]

여기 3개의 문이 있다. 하나의 문 뒤에는 자동차가 있고 다른 2개의 문 뒤에는 염소가 앉아 있다. 당신은 하나의 문만 선택할 수 있는데 선택한 문 뒤에 있는 것을 상품으로 받을 수 있다. 당신이 1번 문을 선택하자, 모든 상황을 알고 있는 사회자가 3번 문을 열어서 당신에게 보여 준다. 거기에는 염소 한 마리가 앉아 있다. 사회자는 당신에게 이렇게 제안한다. "2번 문으로 선택을 바꿔도 됩니다. 바꾸시겠습니까?" 자동차를 상품으로 받고 싶다면 당신의 선택을 1번에서 2번으로 바꿔야 할까, 말아야 할까?

이렇게 선택을 바꿔도 된다는 제안을 받으면 어떻게 하는 것이 좋을까? 바꿔야 할까, 아니면 처음 결정을 고수해야 할까? 무엇이 더 확률적으로 유리할까?

이런 질문을 여러 번 던진 실험 결과에 따르면 대부분의 사람이 처음에 결정했던 1번 문을 고수하는 경향을 보인다. 그 이유를 물어보면, 어느 문을 선택하든지 확률은 각각 1/3로 똑같은데 괜히 바꿨다가 손해를 볼 수도 있으니 그냥 고수하겠다고 답한다. 그러나 메릴린 사반트는 선택을 바꾸는 것이 확률적으로 2배나 유리하다고 지적한다. 메릴린은 이렇게 설명한다.

"자동차가 1번 문 뒤에 있을 확률은 1/3이고, 2번 문이나 3번 문 뒤에 있을 확률은 2/3다. 그런데 사회자가 3번 문 뒤에는 염소가 앉아 있다는 걸 보여 줬기 때문에, 다시 말해 3번 문 뒤에 자동차가 있을 확률이 0이라는 걸 알려 줬기 때문에 2번 문에 자동차가 있을 확률은 2/3가 된다. 왜냐하면 확률은 모두 더해 1이 되어야 하기 때문이다. 그러므로 2번 문으로 바꿔야 유리하다."

문	최초의 확률	사회자가 알려 준 다음의 확률
1번 문	1/3	1/3
2번 문	1/3	2/3
3번 문	1/3	0

메릴린의 설명이 이해되는가? 아마 이 문제를 처음 접해 봤다면, 문 하나를 열어서 보여 준다고 해서 어떻게 순식간에 확률이 변할 수 있는지 의문이 들 것이다. 또는 확률이 변할 수 있다는 걸 인정한다면 3번 문 뒤에 자동차가 없다는 사실을 앎과 동시에 1번 문과 2번 문 뒤에 있을 확률은 각각 똑같이 1/2이 되어야 한다고 생각할지도 모르겠다.

처음의 선택이 옳다는 근거 없는 믿음

대수롭지 않아 보이는 이 문제가 미국 내에서 초미의 관심사로 떠올라서 미국 중앙정보국CIA과 매사추세츠공과대학MIT의 교수들이 무엇이 옳은가를 두고 열띤 논쟁을 벌였다. 전설적인 수학자 폴 에르되시Paul Erdös조차 이 논쟁에 휘말렸는데, 메릴린과 다른 답을 내놓는 바람에 공개적으로 망신을 당하고 말았다.[37] 칼럼니스트 존 케이John Kay에 의하면 에르되시는 죽기 직전까지 이 문제의 정답이 무엇인지 고민했다고 한다.

여기에서 메릴린이 제시한 답이 맞는지 틀리는지 수학적으로 논쟁할 필요는 없다. 결과만 말하면, 메릴린의 답과 설명이 옳다. 우리가 주목해야 하는 부분은 왜 대부분의 사람이 처음의 결정을 고수하려는 경향을 보이는가이다. 대다수의 사람이 1번 문을 선택한 원래의 결정을 바꾸려 하지 않는 경향은 확률의 성질을 이해하지 못했기 때문일지도 모른다.

하지만 진짜 이유는 자신의 선택을 바꿈으로써 일어날지 모르는 실패 때문으로 볼 수 있다(앞에서도 이런 심리를 설명한 바 있다). 1번 문을 고수했는데 2번 문 뒤에서 자동차가 나오는 경우, 혹은 1번 문에서 2번 문으로 선택을 바꿨는데 1번 문 뒤에서 자동차가 나오는 경우 모두 자동차에 당첨되지 못했기 때문에 선

택이 실패한 것이다. 그러나 사람들은 자신의 선택을 바꾸고 난
후에 발생한 실패를 더 아쉬워한다. 자신의 선택을 고수해서 얻
는 실패는 그냥 운이 없었다며 스스로를 위로하는 경향이 있다.
또는 선택을 바꿔도 된다고 속삭이던 사회자의 미소를 증오하기
도 한다. 인간의 생각은 이렇게 비합리적이다.

우리의 공부 머리는
유전일까, 환경일까

우리의 외모, 성격, 지능 지수는 유전적으로 결정된 걸까, 아니면 환경적 요인에 의해 달라질 수 있을까? 사실 이 둘은 선후 관계나 우선순위를 따질 수 없을 만큼 긴밀하게 영향을 주고받는 요인이다. 그러므로 부모나 자신이 처한 환경을 탓하는 건 어리석은 짓이다.

생물학계에는 오랫동안 계속되어 온 해묵은 논쟁이 몇 가지 있다. 그중 대표적이고 아직도 끝나지 않은 것이 바로 '본성 대 양육' 논쟁이다. 본성론자들은 인간의 성격, 행동, 능력 등이 부모에게서 받은 유전자에 의해 이미 결정된다고 믿는 반면, 양육론자들은 인간을 둘러싼 환경이 성격이나 지능을 결정하는 변수라고 주장한다. 본성론자 중 대표 격인 미국의 심리학자 윌리엄 제임스William James는 인간의 행동이 동물보다 지능적인 이유는 이성이 본능을 지배하고 있기 때문이 아니라, 인간이 동물보다 많은 본능을 소유하고 있기 때문이라고 말한다. 인간의 유전자 속에 이미 많은 것이 프로그래밍되어 있기에 환경이 개입될 여지가 적다는 입장이다.

반면 양육론자들은 인간은 태어날 때 아무것도 적혀 있지 않은 '빈 서판Blank Slate'을 가지고 태어나기 때문에 환경의 영향을 받아 각자 자기만의 이야기를 서판 위에 그려 가는 것이라고 말하며 반격을 가한다. 게다가 인간의 유전자 개수가 고작 3만 개밖에 안 된다는 '인간 게놈 프로젝트'의 결과는 양육론자들에게 힘을 실어 준다. 그들은 인간의 유전자 수가 적다는 사실로부터 환경이 주로 개입하여 '하나의 인간'을 만들어 가는 것이라고 해석한다.

유전적 결정론과 환경 결정론

본성론자들이 주장하는 유전적 결정론, 그리고 양육론자들이 내세우는 환경 결정론 중 무엇이 옳다고 생각하는가? 사람들이 흔히 저지르는 논리적 오류 중에는 '양자택일의 오류'라는 게 있다. 2개의 주장이나 대안이 있을 때 '둘 중 하나만을 반드시 택해야 한다'는 압박을 가해서 자신이 원하는 쪽으로 사람들의 의견을 몰고 갈 때 쓰는 말이다. 방금 던진 질문이 바로 양자택일의 오류라 할 수 있다. 왜 반드시 둘 중 하나를 선택해야 하는가? 다른 가설은 없는 것일까?

과학 저술가인 맷 리들리는 본성론자와 양육론자 모두 양자택일의 오류에 빠져 있다고 꼬집는다. 그는 유전(본성)과 환경(양육)의 복잡한 상호 작용이 인간의 행동을 결정한다면서 '양육을 통한 본성'이라는 제3의 개념을 주장한다.[38] 유전자가 서판 위에 밑그림을 그리면 거기에 환경이 색칠을 하여 하나의 인간을 완성한다는 것이 '양육을 통한 본성'이라는 개념이다.

예를 들어 보자. '아름다운 외모'는 확실히 본성의 결과인 듯 보인다. 하지만 진짜 그럴까? 음식, 위생, 운동, 화장 등 후천적 환경과 노력도 아름다움을 유지하고 돋보이게 만드는 데 매우 중요하다. 50대의 나이에 '동안 미녀'라고 불린 할리우드 배우 데미 무어Demi Moore는 역시 할리우드 배우인 애슈턴 커처Ashton Kutcher와의 이혼 이후 관리에 소홀했는지 급격히 노화된 얼굴을 인터넷에서 쉽게 찾아볼 수 있다. 또한 영화 〈나 홀로 집에〉에서 깜찍한 연기를 보였던 배우 매콜리 컬킨Macaulay Culkin의 2012년에 찍힌 사진을 보면 수염을 덥수룩하게 기르고 앙상해진 외모가 30대 청년이 아니라 50대 아저씨처럼 보인다. 따라서 아름다운 외모는 본성과 양육의 협조를 통해 완성된 것이지, 어느 하나만으로 이루어지지 않는다.

과연 지능은 타고나는 것일까?

조금 민감한 이야기를 해 볼까? IQ는 본성일까 아니면 양육의
결과일까? 논란이 남아 있긴 하지만, 과학자들의 의견은 유전과
환경이 각각 50퍼센트씩 영향을 미친다는 쪽으로 모아지고 있
다. 미국 브루킹스연구소의 윌리엄 디킨스William T. Dickens 박사
는 IQ는 유전적인 영향이 크긴 하지만 환경과의 상호 작용에 따
라 변한다는 연구 결과를 내놓았다.[39] 학교에 들어가기 전 부모
가 아이를 교육시키면 IQ가 급상승할 수 있고, 그 후에 지능을
자극하는 정도가 낮아지면 IQ는 올라간 만큼 떨어진다고 한다.
이 결과를 보고 양육론자들은 사회적, 교육적인 환경이 지적 자
극을 가하는 방향으로 조성되면 더 똑똑한 사회를 만들 수 있을
것이라며 우쭐해할지 모르지만, 디킨스는 나이가 들면서 IQ에
대한 환경적 영향은 적어지고 유전적 효과가 커진다고 말한다.
  《본성과 양육이라는 신기루》라는 책의 저자인 에벌린 폭스
켈러Evelyn Fox Keller 박사는 "환경적 요소가 없다면 유전자는 개
체를 발생시킬 수 없고, 유전자가 존재하지 않는 상태에서 환경

은 아무런 힘을 미치지 못한다"라고 말하면서 "유전자와 환경 중 어떤 원인이 더 많이 영향을 미치는지 묻는 것 자체가 어리석은 질문이다"라고 일축한다.[40] IQ는 유전자와 환경의 합작품인 셈이다.

조금 다른 이야기지만 사실 IQ는 지능 검사 문제를 잘 푸는 사람이 높게 나올 뿐 창의력, 문제 해결력, 탐구력과 같은 진정한 '지적 능력'과는 별 관계가 없다. IQ의 창시자인 알프레드 비네Alfred Binet도 말했듯이 IQ는 학습 지진의 여부를 측정하는 도구, 그 이상도 그 이하도 아니다. IQ가 낮다고 유전자나 환경, 어느 한쪽을 특별히 비난하지 말자. 서로 탁구공을 주고받듯 상호작용한 결과니까 말이다.

스스로 증명하지 못하면
아는 게 아니다

세계적인 물리학자 리처드 파인만은 선대 학자들이 증명한 것이라도 자기 스스로 증명해 내지 못하면 진정으로 아는 것이 아니라고 했다. "아무것도 모르는 것보다 어설프게 아는 것이 더 위험하다"는 말을 우스개로 흘려들으면 안 되는 이유가 아닐까?

허수虛數란 제곱하면 음수가 되는 수를 말한다. 우리가 상상할 수 있는 수, 즉 실수實數의 세계에서는 제곱해서 음수인 경우가 없기 때문에 허수의 개념을 금방 이해하기는 어렵다. 그런데 왜 우리는 허수를 알아야 할까? 왜 고등학교 때 골머리를 앓아 가며 허수를 배워야 했을까? 배우면서 과연 그 의미가 무엇인지 생각해 본 적이 있는가?

모르긴 해도 수학에 특출한 몇몇을 제외하고 대부분의 학생은 허수의 '사칙 연산'이나 '복소수 평면'과 같은 말을 접하면서

'그냥 그런 게 있는가 보다'하고 기계적으로 배웠을 것이다. 나 또한 문제집에 나온 문제만 달달 풀 줄 알았지, 왜 허수를 알아야 하며 그것이 왜 중요한지 배운 적은 없는 것 같다. 허수의 숨겨진 의미를 제대로 가르친 선생님도 몇 안 되는 듯하다. 설명해 봤자 학생들이 이해하지 못할 거라 생각했기 때문이었을까, 본인도 잘 모르기 때문이었을까, 아니면 그런 게 대학 수학 능력 시험에 나올 리 만무하기 때문이었을까?

허수는 어려운 개념이라서 '그냥 그런 게 있나 보다' 하며 넘어가도 사는 데 지장이 없다고 하자. 그러면 이건 어떤가? 음수와 음수를 곱하면 왜 양수가 되는지 궁금한 적은 없었는가? -1과 -1을 곱하면 1이 된다는 것은 초등학생들도 알 정도. 하지만 왜 1이 되는지 물어보면 과연 몇이나 명쾌하게 답을 할 수 있을까? 혹시 이걸 증명할 수 있는가? 당연한 것인데 왜 증명이 필요하냐고 반문할지도 모르겠다. 하지만 음수 곱하기 음수가 음수이면 안 되는 이유라도 있을까?

빚에 빚을 '곱하면' 부자가 되나?

"증명할 필요 없이 당연히 그렇다"라고 약속한 것을 수학에서

'공리公理'라고 부른다. 예를 들어 "평면 위의 2개의 점을 지나는 직선은 반드시 존재한다"라는 것이 공리인데, 이런 공리는 수학에서 몇 개 되지 않는다. 그러므로 음수 곱하기 음수가 양수가 된다는 것은 반드시 증명이 필요하다. 많은 사람이 "부정의 부정은 긍정이다"라는 논리를 말하지만 수학적으로 엄밀한 증명이라고 말할 수 없다(증명을 보려면 주를 참조하라).[41]

《적과 흑》을 쓴 프랑스 작가 스탕달은 음수와 음수를 곱하면 왜 양수가 되는지 이해하지 못해서 오랫동안 괴로워했다고 자서전에 쓴 바 있다. 수학자인 친구들이 그에게 아무리 설명을 해 줘도 그는 이해하지 못했다. 그를 괴롭힌 의문은 "1만 프랑의 빚에 500프랑의 빚을 곱하면 500만 프랑이 생기는 건가?"라는 것이었다. 그가 수학에 젬병이라서 그럴까, 아니면 수학자 친구들이 수학에 문외한인 스탕달에게 제대로 설명을 하지 못해서였을까? 스탕달이 무식하다고 손가락질할 수 없는 이유는 내로라하는 수학자들 역시 음수의 개념을 헷갈려 했기 때문이다.

믿는 것과 아는 것은 다르다

음수 곱하기 음수가 양수가 된다는 수학 법칙이야 몰라도 상관없다고 생각할지 모르지만, 문제는 우리가 스탕달과 같은 고민을 건너뛰고 그냥 흡수했다는 데 있다. '무언가를 안다'고 말하려면 그것을 스스로 증명하고 스스로 이해해야 한다. 퀴리 부부가 발견한 방사성 원소인 '라듐'이 한때 강장제와 건강식품으로 이용되었다는 사실을 아는가? 미국의 백만장자 이븐 바이어스 Eben Byers는 퀴리 부부가 방사능의 위험을 경고했음에도 라듐이 함유된 음료 '라디토어Radithor'를 수년 동안 1000병 이상 복용했

:: 라디토어는 1925~1928년까지 건강 음료로 판매되었다.

다. 그 음료를 만병통치약이라고 철석같이 믿던 그는 51세라는 비교적 젊은 나이에 숨을 거두고 말았다.[42] 아마추어 골프 선수로서 건장한 체격을 가진 그는 피골이 상접한 상태로 사망했는데, 그의 사인은 두말할 필요 없이 라듐 중독 때문이었다. 그는 어떤 근거로 라듐이 만병통치약이라고 믿었던 걸까?

'믿는 것'과 '아는 것'은 별개다. 믿는 것을 증명했을 때 비로소 아는 것이다. 물리학자 리처드 파인만은 앞선 학자들이 이미 증명해 놓은 것도 자신이 혼자 힘으로 증명해 내지 못한다면 "그것을 아는 것은 아니다"라고 말했다. 음수 곱하기 음수가 양수가 된다는 사실을 "내가 안다"고 말하려면 스스로 증명해야 한다. 아마 스탕달이 그랬던 것처럼 머릿속이 괴로울 수도 있다. 하지만 삶의 지혜는 이렇듯 단순하며 자명한 듯 보이는 사실에 일부러 의문을 제기하고 스스로 답을 구하려는 노력을 통해 체득된다는 것을 필히 기억하자.

미신이라는 비과학의
과학적 효과

생각보다 많은 사람이 중요한 결정을 앞두고 점을 보고, 많은 운동선수가 징크스를 가지고 있으며 자신만의 루틴으로 게임을 시작한다. 미신은 그 자체로 비과학이지만 아이러니하게도 우리의 심리에 어떤 효과가 있음이 과학적으로 밝혀졌다. 물론 그렇다고 맹신해서는 곤란하다.

언젠가 나는 좀 더 큰 곳으로 옮겨 갈 필요가 있어서 쓰고 있던 사무실을 계약 기간보다 일찍 복덕방에 내놓았다. 경기가 좋지 않아서인지 문의하는 이가 거의 없자 나는 사람들에게 어떻게 하면 좋겠냐고 푸념했다. 그런데 흥미롭게도 죄다 나에게 이런 저런 미신을 동원해 보라고 조언했다. 잘나가는 고깃집에서 가위를 훔쳐다가 거꾸로 매달아 놓으라는 사람이 있는가 하면, 우리나라에 존재하는 성씨 100개를 써서 신발장 안에 붙이라는 사람도 있었다. 대체 이런 미신은 어디에서 유래했는지 알 길이 없지만, 지푸라기라도 잡는 심정으로 한번 해 볼까 싶어 인터넷에서 성씨 100개를 검색하기도 했다.

과학적 근거도 없는데 믿어야 할까?

과학의 공식적인 반대말은 '비과학'이지만, 흔히 비과학은 미신이라는 말로 대신 표현된다. 과학적인 근거 없이 사람들에게 널리 퍼진 믿음은 셀 수 없을 만큼 많다. 최근 나는 옛날 물건에 관심이 많아져서 중고 물건을 사고파는 사이트에서 1976년에 나온 괘종시계를 6만 원에 샀다. 그 시계는 오래된 탓인지 몇 분 지나지 않아 멈추곤 했다.

멈춘 시계를 바라보던 아내는 "죽어 있는 시계를 달아 두면 안 돼요"라며 내게 핀잔을 줬다. 내심 고릿적 물건이 마음에 안 들어서 더 그랬던 것 같다. 그녀는 과월호 잡지를 보는 나를 향해 "철 지난 잡지를 책상 위에 두면 안 돼요"라고 말했고 "변기 뚜껑은 꼭 닫아 둬야 해요" "사람 키보다 높은 화초를 옆에 두면 안 돼요" 등등 내가 보기에는 미신처럼 들리는 조언을 수없이 했다.

여성 인권 운동의 리더로 떠오른 할리우드 여배우 스칼릿 조핸슨Scarlett Johansson 역시 확고한 미신을 가지고 있다. 스칼릿은 어느 TV 프로그램에 출연하여 선배 배우인 새뮤얼 L. 잭슨Samuel L. Jackson에게서 감기가 옮은 적이 있다고 말했다. 새뮤얼 잭슨과 같은 대배우가 감기 바이러스를 통해 특별한 기운을 전달해 줬을 거라는 믿음 때문이었을까? 그녀는 "그 감기에서 낫고 싶지 않았어요. 유명 스타의 감기라서 왠지 가치 있게 느껴졌어요"라고 고백했다. 그리고 이렇게 말하며 휴지에 코를 풀었다. 새뮤얼 잭슨이 옮긴 감기로 여배우 스칼릿이 코를 풀었으니 얼마나 귀하겠는가? 사실 유명인의 감기라고 해서 바이러스의 생물학적 구조가 다르지 않을 텐데, 놀랍게도 그 휴지는 자선 경매 행사에서 5300달러에 팔렸다. 사람들이 얼마나 미신을 신봉하는지 보여 주는 작은 촌극이었다.

믿을 필요는 없지만 그래도 효과는 있다

그렇다면 사람들은 어떤 경우에 미신을 더욱 신봉할까? 미신을 믿는 이유는 스트레스를 이겨 내고 통제감을 확보하려는 인간 나름의 방어책이라는 의견이 있다. 걸프 전쟁이 한창이던 때, 텔아비브대학교의 지오라 케이난Giora Keinan은 불확실하고 스트레스가 큰 상황에서 사람은 미신적인 사고방식에 집착한다는 가설을 세우고 174명의 이스라엘인을 대상으로 설문 조사를 벌였다.[43] 그 결과 응답자들의 교육 수준과 관계없이 미사일 공격 위험이 높은 도시에 사는 사람들이 그렇지 않은 사람들보다 미신적인 사고에 더 많이 의존하는 것으로 나타났다.

가장 위험한 직업 중 하나인 어부들 사이에 "물고기를 먹을 때 물고기를 뒤집지 마라" "뱃일 나가는 어부에게 인사를 하지 마라"와 같은 이런저런 금기가 많은 이유가 바로 이 때문이다. 사무실이 나가지 않아 초조해진 내가 미신의 유혹에 빠지는 것만 봐도 그렇다.

미신은 그 자체로는 비과학이지만, 스트레스를 어느 정도 경감시키고 통제감을 높여 주는 긍정적인 효과가 있다는 것이 과학적으로 증명되었다. 이스라엘과 팔레스타인 간의 갈등이 고조되었던 2000년대 초, 인류학자 리처드 소시스Richard Sosis는 종교를 믿지 않는 이스라엘 여성들에게 상황을 개선시킬 방법을 물었다.[44] 그랬더니 35퍼센트의 여성이 찬송가를 부르는 것이라고 답했고, 실제로 찬송가를 부르는 여성들이 테러의 공포를 덜 느꼈다고 한다.

심리학자 리산 다미쉬Lysann Damisch는 골프 경기 참가자 중 '행운의 골프공'이라는 말을 들은 사람이 그렇지 않은 사람보다

35퍼센트나 더 공을 잘 친다는 결론을 내렸다.[45] 운이 함께할 경우 자신감이 배가되고 실력 향상으로 이어진다는 의미다.

마음에 들든 그렇지 않든 미신의 효과는 분명 존재한다. 비록 과학적으로 증명되지 않았다 해도 자신의 삶을 긍정적으로 변화시키는 데 도움이 된다면 작은 미신 하나 믿어 보는 것도 좋지 않을까?

3부

과학은 어떻게 세상살이의 무기가 되는가

왜 커피를 마시면
잠이 달아날까

커피를 열 잔 마셔도 끄떡없는 이가 있는가 하면, 한 잔만 마셔도 심장이 두근두근 빨리 뛰는 사람이 있다. 이는 누구나 잘 알고 있는 것처럼 카페인의 영향이다. 그런데 카페인에 예민하거나 그렇지 않은 체질은 어떻게 결정되는 걸까?

2018년 기준, 한국은 약 16만 톤의 커피를 수입하는 세계 6위의 커피 소비국이다.[1] 전국의 커피 전문점 수는 약 5만 개로 이미 편의점, 치킨, 분식집 수를 넘어섰다.[2] 한 집 건너 하나씩 있는 커피숍들을 보면 모두들 장사가 잘될까 싶을 정도인데, 이렇게 흔한 음료인 커피의 과학에 대해 과연 우리는 얼마나 잘 이해하고 있을까?

가장 일반적인 의문 중 하나가 바로 "커피를 마시면 왜 잠이 오지 않을까"일 것이다. 알다시피 그 이유는 커피에 함유되어 있는 약 1.5퍼센트가량의 카페인 때문이다. 그런데 이 카페인이 커피색과 비슷한 짙은 갈색일 것 같지만 결정 상태의 순수한 카페인은 의외로 백색이다.

우리 몸은 피로해지면 '아데노신'이라는 물질을 생성한다. 그런데 이 아데노신이 신경 세포의 '아데노신 수용체'와 결합함으로써 신경 세포의 활동을 둔화시키고 졸음이 오도록 만든다. 이것은 수면을 통해 아데노신의 농도를 감소시키고 활력을 회복하기 위한 자연스런 과정이다.

그런데 문제는 카페인의 분자 구조가 아데노신과 유사해서 아데노신 대신 수용체와 결합한다는 것이다. 이러면 신체는 피로를 인지하지 못할 뿐만 아니라 활력이 회복된 줄로 착각한다. 또한 카페인은 혈관을 수축시켜 혈압을 높이고 간의 혈당 분비를 자극해 근육을 운동하기 좋은 상태로 각성시킨다. 이 때문에 커피를 마시면 잠이 달아나 버리는 것이다. 디카페인 커피를 마시면 어떨까? 디카페인 커피라고 해도 카페인이 10밀리그램 정도(일반 커피의 1~3퍼센트) 함유되어 있기 때문에 카페인에 민감한 사람들은 잠을 설칠 수도 있다.

중독성 음료의 강력한 유혹

커피를 못 마시면 불안감을 느끼는 '커피 중독' 증세는 왜 나타
날까? 거짓으로 피로를 푼 우리 몸이 더 많은 카페인을 요구하기
때문이다. 사실 카페인 중독은 '마약에 가볍게 중독'되는 것이라
고도 볼 수 있다. 카페인은 마약 성분이자 신경 전달 물질인 도
파민의 분비를 늘리는 작용을 하는데, 도파민은 다시 신경 세포
를 흥분시켜 쾌감을 높인다. 마음에 드는 이성에게 데이트 신청
을 할 때 내뱉는 "시간 있으면 저와 커피 한잔하실래요?"라는 고
전적인 멘트는 나름 과학적인 근거와 효과가 있는 셈이다.

이런 설명을 읽고 "나는 커피를 마셔도 잠이 잘 오는데?"라고
반문하는 사람도 있을 것이다. 이들은 'CYP1A2'라고 불리는 카
페인 분해 효소가 간에서 많이 분비되거나 소변을 통해 카페인
배출이 잘 되기 때문이다. 하버드대학교 메릴린 코넬리스Marilyn
C. Cornelis 박사의 연구에 따르면 커피와 관련된 대부분의 유전 인
자를 가진 사람일수록 커피를 많이 마셔도 수면에 문제가 없기
에 하루 4~5잔은 거뜬하다고 말한다.[3] 몸에 들어온 카페인 농도
가 절반으로 떨어지려면 보통 6시간이 걸리는데 이들은 그보다
빨리 카페인을 배출하기 때문이다.

커피의 명과 암

커피 소비가 하도 많다 보니 "커피는 몸에 좋다, 나쁘다"는 의견이 분분하다. 커피를 마시면 이뇨 작용이 활발해져서 체내 수분이 감소하는데 이 과정에서 커피 한 잔당 4~6밀리그램의 칼슘이 빠져나간다. 폐경기 여성이나 다이어트를 심하게 하는 사람이라면 골다공증이 발생하거나 고관절 골절의 위험이 있으니 커피를 마신 후에는 꼭 칼슘이 많은 음식을 섭취하는 것이 좋다.

또한 커피는 우리 몸의 철분과 아연 흡수를 방해하기 때문에 빈혈 환자, 신경 기능 또는 생식 기능 이상자에게 좋지 않은 영향을 미친다. 식사 후에 커피가 당기는 까닭은 커피가 위액 분비를 왕성하게 하여 소화를 촉진시키기 때문인데, 빈속에 커피를 자주 마시면 과도한 위액 분비로 인해 위벽이 손상되고 위궤양이 발생할 수 있으니 유의해야 한다.

하지만 커피가 만성 스트레스, 주의력 결핍증, 알츠하이머병 등에 효과가 있다는 연구 결과도 속속 나오는 터라 마냥 커피를 유해하다고만 볼 수는 없다. 특히 커피에 함유된 카페인과 폴리페놀 등의 성분이 간암, 뇌종양, 피부암 예방에 좋다는 연구들은 커피 애호가들을 흐뭇하게 만든다.

집에 에스프레소 머신을 갖추거나 핸드 드립으로 추출해서 커피를 즐기는 사람이 늘고 있다. 맛있는 커피에 대한 열망이 커졌다는 뜻이리라. 가장 맛있는 커피를 과학적으로 어떻게 정의할 수 있을까? 미국 커피양조센터에서 수년간 커피 맛 감별사들을 통해 실험한 결과, 최적의 커피 농도는 1250피피엠이라는 결과를 내놓았다.[4] 원두에서 물에 녹는 성분은 28퍼센트 정도인데, 모두 추출하는 것보다 16~22퍼센트만 녹여 내야 맛과 향이 우수하다는 것이다. 과하게 추출하면 오히려 맛이 텁텁해진다고 한다. 그래도 무엇보다 가장 맛있는 커피는 추운 겨울날 방에 앉아 사랑하는 사람과 마시는 커피 아니겠는가? 낮은 기온이 커피향이 흩어지는 걸 막아 주기 때문이다. 게다가 창밖에 눈이라도 내리면 그 향은 더욱 그윽할 것이다.

너무 깨끗해서
천식 환자가 늘어난다?

예방 접종은 우리 몸을 일부러 약한 병균에 노출시켜 면역성이 생기고 그 면역력이 강해지도록 만드는 것이다. 그런데 공기 청정기와 진공청소기처럼 청결을 완성시켜 주는 기술의 발전은 우리에게서 '자연적인' 예방 접종을 앗아가는 것인지도 모른다.

인류가 해결하지 못한 불치병 중 1위는 감기이고 2위가 암이다. 그렇다면 3위는 무엇일까? 놀랍게도 폐 속에 있는 기관지가 좁아져서 가르랑가르랑하는 숨소리를 내거나 숨이 막힐 정도로 발작적인 기침을 터뜨리는 증상인 '천식'이라고 한다.

천식은 기관지의 알레르기 염증 반응 때문에 발생하는 질환으로서 '알레르겐allergen'이란 말로 통칭되는 집안 먼지, 곰팡이, 진드기, 꽃가루, 짐승의 털 등이 원인이다. 의사들은 천식을 예방하고 잠재우려면 알레르겐에 노출되지 않도록 주의해야 한다고 조언한다. 하지만 천식이 발병하는 메커니즘은 불분명해서 뾰족한 치료 방법은 아직 없는 실정이다.

천식 환자의 수는 1970년 이후로 10년마다 약 50퍼센트씩 증가했다. 1980년 이후로는 급증하기 시작해서 매일 14명의 환자가 천식으로 목숨을 잃는다. 이런 속도로 천식이 확산된다면 2020년에는 10명 중 1명이 천식을 앓게 된다는 불길한 예측으로 이어진다.

그런데 이상하게도 천식 환자의 급증 현상은 후진국이 아니라 뉴질랜드, 영국, 네덜란드, 일본, 호수, 핀란드와 같은 선진국에서 나타난다. 생활 환경이 후진국에 비해 훨씬 청결해서 알레르겐에 노출되는 정도가 적을 텐데도 천식은 선진국에 사는 사람들, 특히 어린이들을 괴롭힌다.

너무 청결한 게 문제다?

선진국에서 천식이 발호하는 이유를 설명하기 위해 여러 가지 가설이 제기됐다. 첫 번째는 환기가 잘 되지 않는 주택 구조와 과도한 난방이 천식 급증의 원인이라는 설이다. 하지만 '들이마시는 먼지'의 절대량으로 볼 때 온갖 더러운 것에 둘러싸였던 옛

날과 그리 다를 바 없기 때문에 이 가설은 힘을 얻지 못한다.

두 번째 가설은 이른바 '위생 가설'이라는 것으로, 사람들이 폐를 너무나 '곱게' 사용하기 때문에 천식이 쉽게 발생한다는 주장이다.[5] 미국에서 있었던 역학 조사 결과, 감염균이나 기생충에 노출될 기회가 적은 환경에서 사는 아이들일수록 나이가 들면서 천식 발병률이 높아졌다. 위생 가설은 이를 근거로 등장했는데, 상대적으로 옛날보다 깨끗한 환경을 누리는 탓에 조금만 불결해져도 천식에 걸린다는 지적이다. 말 그대로 '먼지가 부족해서' 오히려 천식의 위험이 커졌다는 의미다.

위생 가설이 옳다고 가정하면 공기 중의 먼지와 곰팡이를 없애 준다는 진공청소기와 공기 청정기가 오히려 천식의 발병을 조장하는 물건일지 모른다.

예전의 어린이들은 퀴퀴한 먼지 구덩이에서도 잘 지내며 견뎠지만, 진공청소기로 말끔히 청소된 집에서 온실 속 화초처럼 지내다 보니 면역력이 미숙한 폐가 작은 먼지에도 약해져 천식에 걸리는 건 아닐까? 깨끗한 집안 공기를 유지함으로써 천식과 아토피 등을 예방해 준다고 광고하는 공기 청정기의 효과가 과연 얼마나 될지 의심할 일이다.

유지하려면 달려야 한다

하지만 현실적으로 진공청소기와 공기 청정기를 포기하기는 어렵다. 진공청소기가 없으면 빗자루로 먼지를 쓸어 담아야 하는데 그러면 더 많은 먼지가 공중에 날릴 것이다. 게다가 요즘 주거 시설들은 밀폐식 창문이 많기 때문에 실내에 공기 청정기가 없다면 이렇게 발생한 먼지를 죄다 들이마셔야 한다. 그러면 이미 약해진 폐가 천식에 더 쉽게 걸릴 것이다.

루이스 캐럴의 소설 《이상한 나라의 앨리스》에서 붉은 여왕은 앨리스에게 "제자리에 있으려면 계속 뛰어라!"라고 명령한

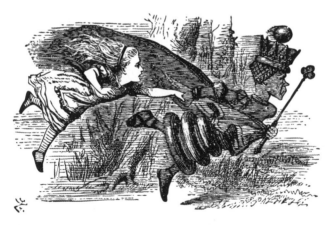

:: 《이상한 나라의 앨리스》 초판에 수록된 붉은 여왕과 앨리스의 그림.

다. 붉은 여왕의 나라에서는 자신이 움직이면 주변 세상도 함께 움직이기 때문이다. 천식을 막으려고 진공청소기와 공기 청정기를 연신 돌리지만 그 덕에 우리 폐는 예방력을 잃고 약해진다. 그렇게 약해진 폐가 천식에 걸리지 않게 하기 위해 진공청소기와 공기 청정기는 더욱 맹렬히 움직여야 한다. 가히 '붉은 여왕의 저주'라 할 만하다. 이 저주를 푸는 방법은 서서히 '자연스러운 더러움'을 용인하는 것이다.

그렇다고 갈수록 심각해지는 미세 먼지에 면죄부를 주는 것은 절대 아니다. 미세 먼지와 초미세 먼지에는 자연스러운 더러움을 넘어선 독성 물질이 가득하기 때문에 면역력을 파괴하고 천식 등의 질병에 취약하게 만든다. 미세 먼지 경보가 뜰 때마다 중국을 탓하는 분위기지만 우리나라의 석탄 화력 발전과 디젤 자동차의 증가도 한몫한다고 한다. 이러한 사실은 문명의 이기와 과학 기술을 현명하게 통제하는 것이 천식 예방의 유일한 방법임을 다시금 일깨운다.

지진, 예측하기 어렵다면
대비를 철저하게

"소 잃고 외양간 고친다"는 속담이 있지만 지진 예측에 한해서는 어쩔 수 없는 부분이 존재한다. 그러므로 지진 예보와 더불어 발생 이후의 대처 시스템에도 많은 관심과 노력을 쏟아야 할 것이다.

2016년 9월 12일에 경주시 남남서쪽 9킬로미터 지점에서 리히터 규모 5.1과 5.8의 지진이 잇달아 발생했다. 우리나라에서 지진 관측이 시작된 이래 가장 강력한 지진이었다. 영남 일대라면 월성 원자력 발전소와 방사능 폐기물 처리장이 있는 곳 아닌가? 기상청 담당자는 기자들에게 "이후 지진 발생 가능성이 적다"고 말했지만, 그로부터 14개월 후인 2017년 11월 15일에 포항시 북쪽 6킬로미터 지역에서 규모 5.5의 지진이 또 발생해 커다란 재산 피해를 입혔다. 이렇게 지진 발생 예측이 빗나가는 건 우리만의 일일까?

일본 지질학자들은 1970년대 후반에 대규모 지진이 일본의 도카이 지역을 강타할 것이라고 예측했다. 1707년과 1854년에 도카이 지방에서 일어난 지진은 일본 역사상 가장 강력한 것이었는데 그 두 지진이 일어난 시기의 간격은 약 147년이다. 하지만 그 간격이 점점 짧아지고 있기 때문에 실제로는 약 120년 뒤인 1970년대 후반에 대지진이 일어날 거라고 추론했던 것이다. 그러나 지금까지 대지진은 일어나지 않았다.

미국의 남부캘리포니아대학교 연구 팀 역시 그동안의 지진 발생 이력으로 보았을 때 1995년 상반기에 캘리포니아 중심부에서 거대한 지진이 발생할 것이라고 전망했다. 하지만 그 예측은 보기 좋게 빗나갔다.[6]

지진 예측은 중요한 만큼 어렵다

지진은 사회 기반 시설을 무차별적으로 파괴하고 대규모 인명 피해를 야기하는 재해다. 그렇기 때문에 지진 발생에 앞서 단 몇 분이라도 미리 경고할 수 있다면 큰 인명 손실을 막을 수 있다. 그러나 막대한 자금과 연구 인력을 투입하고 있지만 애석하게도 이렇다 할 지진 예보 시스템은 구축되지 못하고 있다. 태풍, 집중 호우, 폭설 등의 기상재해는 상당히 정확한 예보가 가능하고 며칠 앞까지 내다볼 수 있는 수준에 이르렀다. 그런데 지진은 왜 그렇게 할 수 없는 것일까?

1915년 지구물리학자인 알프레트 베게너Alfred Wegener가 제안한 '대륙 이동설'에 따르면 지각은 여러 개의 '판'으로 나뉘어 있고 각 판은 '맨틀'이라고 불리는 반고체 상태의 물질 위를 떠다닌다. 맨틀 위를 떠다니는 판들은 밀고 밀리다가 정면으로 충돌하여 맞물리기도 한다. 맞물린 2개의 판이 마찰력 때문에 움직이지 못하다가 어느 순간에 이르면 미끄러지면서 축적했던 에너지를 한꺼번에 발산한다. 이것이 지진이 발생하는 메커니즘이다.

단순한 메커니즘임에도 불구하고 지진 예측이 아직 불가능한 이유는 판 구조의 복잡성 때문이다. 각 판은 수백 수천 종의 바위로 구성되는데, 어떤 바위는 무르고 어떤 바위는 단단해서 마찰력이 제각각이다. 똑같은 스트레스를 가해도 쉽게 미끄러지는 바위가 있는가 하면 꿈쩍도 않고 힘을 축적하는 바위가 있다. 더욱이 어느 바위가 최초로 미끄러지기 시작했는지에 따라 대규모 지진과 작은 지진의 여부가 결정되고, 대형 지진이라고 해서 특별한 원인이 존재하는 것은 아니다. 미끄러진 바위가 다른 바위에 얼마만큼 영향을 미쳤는지 등 미세한 차이에 따라 각기 다른 지진이 발생한다. 이것이 지진 발생을 예보하지 못하는 이유다.

앞으로 어떤 규모의 지진이 언제 발생할지 아무도 모른다. 지진 예보보다는 지진 발생 후의 신속한 경보 시스템 운영, 지진 대처 방법에 관한 대국민 홍보가 중요하다. 하지만 이보다 훨씬 중요한 일은 지진이 발생하기 전에 미리 대응 전략을 마련해 놓는 것이다. 무언가가 발생되고 나서 상황을 수습하는 것보다 미리 대비하여 피해를 최소화하는 것이 돈도 덜 들고 노력도 덜 소요되기 때문이다.

삶도 마찬가지다. 어떤 미래가 펼쳐질지 예측하는 일은 지진 발생을 예측하는 것보다 더 어렵다. 예측하기보다 대비하는 것이 지혜로운 법이다.

로또를 사려거든
당첨 확률부터 파악하라

어떤 사람이 복권에 당첨되게 해 달라고 간절하게 빌었더니 신이 나타나서 이런 답을 주었다. "복권에 당첨되고 싶으면 우선 복권부터 사라!" 그런데 이 사람은 과연 몇 장을 사야 당첨 확률을 높일 수 있을까?

로또의 1등 당첨 확률은 8,145,060분의 1이다. 이 정도면 꽤 높은 확률이니 해볼 만하겠다고 생각할지 모르겠다. 미국 로또인 '파워볼'의 1등 당첨 확률이 146,107,962분의 1인 것에 비하면 18배나 큰 확률이니까 말이다. 그렇지만 이렇게 상상하면 생각이 달라질 것이다. 10원짜리 동전의 지름은 18밀리미터인데, 이 동전 8,145,060개를 일렬로 늘어세우면 그 길이는 약 146.6킬로미터가 된다. 경부고속도로를 타고 서울에서 대전까지 가는 거리에 해당되는 길이다. 누군가 차를 타고 서울에서 대전까지 가는 길에 아무 곳에서나 정차하여 마음에 드는 10원짜리 동전 하나를 집어 든다. 이것이 여러분이 사전에 찜해 둔 동전과 일치하면 로또에 당첨되는 것이다. 이렇게 생각하면 로또 1등 당첨 확률이 아득하게 느껴지지 않는가?

잠실 올림픽 주경기장의 최대 수용 인원은 10만 명이다. 이와 비슷한 경기장들이 양옆으로 82개가 늘어서 있다. 각 경기장마다 청중들이 가득 들어찬 가운데 아나운서가 "아무개 씨, 당신이 바로 1등 당첨자입니다!"라고 외친다. 여러분이 청중으로 앉아 있다면 발표 순간에 전혀 긴장되지 않을 것이다. 로또 1등을 꿈꾸는 사람들은 매주 1등 당첨자가 평균 4~7명 나오는 걸 보면서 "나라고 안 되겠어?"라며 0에 가까운 확률에 베팅한다. 소수로 바꿔 보면 0.00000012밖에 안 되는 확률이니, 로또를 살 돈으로 맛있는 걸 사 먹는 게 낫다.

로또 번호 예측도 당첨만큼 어렵다

물론 복권에 당첨되는 장밋빛 꿈에 젖어 일주일을 보낼 수 있다면 몇 천 원쯤 지출해도 괜찮을 것이다. 하지만 1등 당첨 번호를 예측한다는 웹 사이트에 돈을 갖다 바치는 일은 하지 말자. 과학적인 근거를 들이대며 사람들을 현혹하지만, 내가 3주 동안 추적해 보니 숫자 3개를 맞혀야 하는 5등조차 한 번도 당첨되지 못했다. 엉터리였다. 하긴, 당첨 번호를 미리 안다면 꽁꽁 숨기고 있다가 자기네들이 1등에 당첨될 수 있을 테고 그러면 더 큰 돈을 벌 텐데 왜 알려 주겠는가?

혹자는 당첨 번호에 자주 출현한 번호를 위주로 6개의 번호를 찍으면 1등에 당첨될 확률을 높일 수 있을 거라 기대한다. 추첨 기계에 편향이 존재해서 특정 번호가 더 자주 뽑힌다고 믿는다. 진짜 그럴까? 로또 공식 웹 사이트를 방문하면 1회부터 최근 회까지 어느 번호가 가장 많이 당첨 번호로 뽑혔는지 순위를 찾아볼 수 있다. 2019년 7월까지, 가장 자주 출현한 번호는 43, 27, 34, 13, 1, 17의 순이다. 43이 159번으로 가장 많이 나왔고, 22가 107번으로 가장 적게 나왔다. 지금껏 860회 넘게 로또를 진행했으니 모든 숫자가 고르게 나와야 하지 않을까? 숫자 43이 숫자 22보다 1.5배나 더 자주 나오다니, 우리가 알지 못하는 메커니즘이 숨어 있지 않을까 의심할 수도 있겠다.

하지만 자주 나오는 번호가 있는 것처럼 보이는 이유는 지금까지 실시된 로또 추첨 횟수가 너무 적어서다. 45개의 숫자가 고르게 나오려면 로또가 못해도 수십 년은 계속 진행되어야 하지 않을까? 고작 주사위의 6개 숫자를 통계적으로 고르게 분포시키려 해도 평균 600회 이상 던져야 하는데, 45개 숫자라면 필요한 추첨 횟수가 오죽이나 많겠는가?

로또의 실체에 실망하여 즉석 복권을 구입하겠다면 이 에피소드에 관심을 가져 보라. 캐나다의 통계학자 모한 스리바스타바Mohan Srivastava는 즉석 복권에는 무언가 표시가 존재할 것이라고 추측했다. 복권을 무작위로 인쇄하면 당첨 복권이 너무 많이 발생할 가능성이 있기 때문에(그러면 복권 업체는 많은 돈을 지출해야 한다) 이를 사전에 막기 위해 적정한 수의 당첨 복권이 나오도록 업체만 알 수 있는 표시를 미리 해 뒀을 거라고 생각했다. 그는 한 뭉치의 즉석 복권을 구입해 카드 박판 위의 숫자를 살펴보고는 당첨 복권을 나타내는 표시가 무엇인지 발견해 냈다. 그는 이 사실을 복권 업체에 알렸고 결국 발행된 복권 전량이 회수되었다. 그는 아직도 이런 문제가 여러 즉석 복권 업체에 존재할 것이라고 추측했다.

살기가 팍팍해져 "로또밖에는 해답이 없다"고 해도 당첨의 비결에 속지 말자. 당첨 확률을 2배로 높이는 방법은 로또를 한 장 더 사는 것뿐이라는 말도 있지 않은가? 이 말의 이면에는 요행을 바랄 게 아니라 한 장 더 사려는 노력이라도 해야 행운을 잡을 가능성이 높다는 뜻이 숨어 있는 게 아닐까?

기생충도 안고 가는 게
나을 때가 있다

우리는 종종 배보다 배꼽이 큰 경우를 맞닥뜨린다. 손익도 따져 보고, 이런저런 의미도 부여해 보지만 그럼에도 불구하고 얻는 게 없으면 속 시원하게 포기하는 게 낫다. 기생충 박멸에 대한 문제도 마찬가지다. 때로 품고 사는 게 나을 때도 있는 것이다.

인간은 누구나 몸속에 기생충을 가지고 있다. 불쾌하지만 엄연한 사실이다. 우리는 흔히 회충, 편충, 십이지장충 등과 같은 선형동물이나 편형동물만을 기생충이라고 생각하지만 콧등 위에 서식하는 모낭충은 진드기류에 속하는 기생충이고, 음식점의 위생을 점검할 때 기준으로 삼는 대장균 역시 인간을 포함한 포유류의 장 속에 우글대는 기생충의 일종이다. 이런 크고 작은 기생충들은 숙주가 흡수해야 할 영양분을 중간에서 가로챌 뿐만 아니라 심하면 숙주의 기관을 물리적으로 손상시키거나 질병을 유발하기 때문에 면역 시스템이 제대로 작동하지 않으면 숙주의 생명 유지와 재생산에 악영향을 끼친다.

그런데 왜 숙주는 몸속에 어느 정도의 기생충을 품고 사는 걸까? 숙주가 면역 시스템을 총동원해서 기생충을 완전히 박멸하면 생명 유지와 자손 번식에 훨씬 유리할 텐데 말이다. 그 이유는 처음 기생충 몇 마리를 제거할 때 소모되는 에너지는 무시할 만큼 작지만, 가면 갈수록 기생충 한 마리를 없애기 위해 소요되는 에너지가 기하급수적으로 체증하는 데에 있다. 반면, 기생충 한 마리를 없앰으로써 숙주가 얻는 이득(생명 유지와 자손 번식의 유리함)은 급격히 체감한다.

힘들여 없애느니 안고 가는 게 이득

예지 벤케Jerzy M. Behnke를 비롯한 여러 과학자들은 기생충의 감소에 따라 숙주가 부담해야 하는 비용은 체증하고 얻는 이득은 체감하기 때문에 숙주가 어느 지점에서 적절한 균형점을 찾는다고 말한다.[7] 최적의 기생충 보유량을 숙주가 스스로 결정한다는 것이다. 만일 숙주가 균형점 이상으로 기생충을 없애려 한다면, 기생충 한 마리가 박멸됨으로써 얻는 이득 증가분보다 한 마리를 제거하기 위해 쓰이는 비용 증가분이 더 커진다. 그러면 기생충을 없앰으로써 생명 유지와 자손 번식의 가능성을 높이려 했던 시도가 오히려 목숨을 위태롭게 만들고 번식력을 떨어뜨리고 만다. 따라서 숙주는 균형점 수준에서 기생충과 함께 사는 것을 최적의 생존 전략으로 채택한다.

이 균형점이 항상 고정되어 있는 것은 아니다. 숙주가 현재 어떤 상태에 있느냐에 따라 균형점이 낮아지기도 하고 높아지기도 한다. 새끼에게 젖을 먹이는 암컷 큰뿔양은 새끼가 없는 암컷에 비해 폐선충에 더 많이 감염되어 있다. 젖을 먹이려고 에너지를 많이 소모하는 까닭에 기생충 박멸에 배당할 에너지가 적어져서 더 많은 기생충을 감내하는 것이다.

또한 수컷 새끼에게 젖을 먹이는 어미 양이 암컷 새끼를 키우는 어미 양에 비해 더 많은 폐선충을 가지고 있는데, 그 이유는 수컷 새끼를 키우는 게 암컷 새끼를 키우는 것보다 비용이 더 들기(더 힘들기) 때문이다.[8] 이렇듯 숙주의 면역 시스템은 자손 번식과 기생충 보유 사이에서 적절하게 균형을 잡으며 에너지를 배분할 줄 안다. 결코 기생충 박멸에 모든 에너지를 쏟아부을 만큼 어리석지 않다.

타지 사람을 밀어내는 이유

기생충은 사람들의 습성에도 영향을 미친다. 일반적으로 사람들은 외부 집단에 대해 텃세를 부리거나 공격을 가하는 등 배타적인 성향을 보인다. 과학자들은 이러한 배타성의 근원이 바로 '감염의 공포'에서 비롯됐다고 말한다. 지금처럼 의술이 발달하지 않은 옛 시절에 사람들이 가장 두려워했던 것 중 하나는 세균이나 기생충에 의한 전염병이었다. 인간의 면역 시스템은 거주하는 지역에 존재하는 기생충과 병원균을 처치하도록 학습되는 까닭에 '지역성'을 띤다. 그래서 면역 시스템은 다른 지역에서 발생된 병원균에 취약할 수밖에 없다.

외부인은 외부의 기생충을 달고 들어올 가능성이 매우 크다. 그러므로 '내'가 사는 지역에 이미 적합하게 구축된 면역 시스템을 와해시킬지 모르는 존재다. 이것이 바로 한 집단이 외부인에게 배타적일 수밖에 없는 생물학적 근거이고 이러한 무의식적인 행동이 외부인을 적대시하는 문화로 굳어졌다고 과학자들은 말한다. 생물학자 코리 핀처Corey Fincher와 랜디 손힐Randy Thornhill은 이러한 생각을 발전시켜서 "기생충의 총량이 큰 지역에 거주하는 사람들은 외부인에 대해 더욱 적대적이다"라는 연구 결과를 발표했다.[9]

누군가 아주 보수적인 생각에 사로잡혀 있다면 그 이유는 기생충에 대한 두려움에서 비롯된 새로운 환경과 외부 세계에 대한 거부감 때문일지 모른다. 아니면 실제로 기생충이 많을 수도 있으니 어쩌면 구충제를 복용하는 것이 조금은 도움이 되지 않을까?

N선의 발견,
눈에 보인다고 중요한 건 아니다

전 세계 수많은 과학자가 존재하지도 않은 N선의 발견에 열광한 적이 있다. 과연 무엇이 이들의 눈을 멀게 만들고 판단력을 흐리게 만들었을까? 사실 우리도 종종 이런 오류에 빠지는 경우가 있다. 이럴 때 우리는 "믿고 싶은 대로 본다"고 말한다.

20세기 초 프랑스에서 활동하던 르네 블롱들로Rene Blondlot라는 과학자가 있었다. 뢴트겐이 발견한 X선 연구에 열을 올리던 그는 어느 날 X선을 석영으로 만든 프리즘에 쏘는 실험을 하던 중 곁눈으로 미세한 빛을 감지했다. 착시인가 싶어 여러 번 실험을 반복했지만 매번 희미한 빛이 느껴졌다. 의아하게 생각하던 그에게 '이것은 X선이 아니라 새로운 방사선이다!'란 생각이 뇌리를 스쳤다. 그는 자신이 발견한 방사선에 'N선'이라는 이름을 붙이고 후속 실험을 통해 N선이 X선과는 다른 성질을 가졌다는

것을 주장했다.[10] 예를 들어, N선은 나무나 검은 종이처럼 가시
광선이 투과하지 못하는 물체를 쉽게 투과하지만 가시광선이 통
과하는 물이나 암염은 투과하지 못한다고 발표했다.

보입니까? 정말 보입니까?

프랑스를 비롯한 유럽 전역은 N선 발견에 열광했다. 그리고 너
도나도 N선을 감지했다는 보고가 잇따랐다. 100명이 넘는 과학
자가 N선 연구에 뛰어들어 2~3년 사이에 300편 이상의 논문을
쏟아 냈다. N선을 미간에 쏘면 느끼지 못했던 냄새를 맡게 된다
는 연구 결과까지 나올 지경이었다. 사람들은 블롱들로가 퀴리
부부에 이어 노벨 물리학상을 받을 거라 확신했다.

하지만 로버트 우드Robert Wood라는 미국의 과학자가 의문을
제기하면서 분위기는 급반전됐다. 블롱들로와 함께 실험을 재현
하던 그는 몰래 석영 프리즘을 제거하고 "N선이 감지되느냐?"
고 물었다. 블롱들로는 우드의 속임수를 알아채지 못하고 "N선
이 감지된다"고 대답했다. 프리즘이 없으면 N선 자체를 볼 수
없는데도 말이다.

우드가 과학 전문지 《네이처》에 이 사실을 공개하자 앞다투

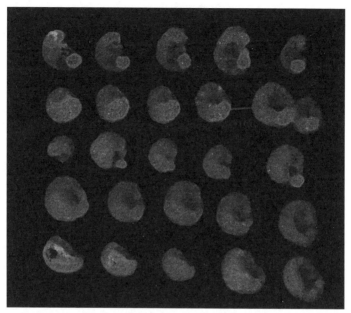

:: 블롱들로가 발견했다고 주장한 N선의 모습.

어 블롱들로를 칭송하던 사람들이 180도 입장을 선회하여 "솔직
히 N선을 보지 못했다"고 고백하기 시작했다. 그리고 N선에 관
한 논문은 과학계에서 썰물처럼 사라져 버렸다. 그럼에도 프랑
스 과학 학술원은 여전히 블롱들로를 옹호하며 그에게 '르콩트
상'을 수여했다. 독일에 비해 낙후된 프랑스 과학계의 위신을 세
워 준 블롱들로의 공을 인정하지 않을 수 없었던 것이다. 하지만
학술원이 상장에 명시한 공로는 N선 연구가 아니라 '평생 쌓은

업적 전체'였다.

블롱들로는 쏟아지는 비난을 이겨 내고 《N선》이라는 책까지 출간하며 끝까지 N선의 존재를 주장했으나 사람들은 그를 철저히 외면했다. 그는 1909년에 과학계를 떠났고 얼굴을 드러내지 않은 채 살다가 1930년에 쓸쓸히 세상을 떠났다. N선은 이미 사람들의 기억에서 완전히 사라진 뒤였다.

드디어 밝혀진 N선의 정체는?

N선의 정체는 무엇이었을까? 그는 N선을 '똑바로' 본 적이 없었다. 처음에 N선을 발견했다고 느끼던 순간에도 곁눈으로 감지했을 뿐이었다. 인간의 눈은 색깔을 감지하는 원추세포와 명암을 인식하는 간상세포로 이뤄져 있는데, 눈 가장자리에 놓인 간상세포가 감각에 더 예민하다. 눈동자가 정면을 향해도 옆에서 들어오는 희미한 빛을 감지하여 주변 변화에 대응할 수 있는 이유가 바로 간상세포 때문이다. 문제는 간상세포가 지나치게 민감해서 곁눈으로 볼 때 원래보다 더 밝게 빛을 감지한다는 것이다. X선이 프리즘에 닿는 순간 블롱들로가 곁눈으로 무언가가 밝아짐을 느낀 까닭은 N선이 존재해서가 아니라 그의 간상세포가 활

성화됐기 때문이다. N선은 그의 눈이 만들어 낸 착각이었다.

눈으로 관찰했다고 해서 항상 옳은 것은 아니다. 블롱들로의 이야기가 단적으로 보여 주듯 우리 몸의 감각 기관을 사용한 관찰은 객관적이지 못하다. 감각 기관들이 판단을 명철하게 내리는 방향이 아니라 인간의 생존을 극대화하는 방향으로 진화한 까닭이다. 그러니 "눈으로 보고 귀로 들었으니 사실이다"라는 판단에 스스로 비판적이어야 한다.

블롱들로는 N선을 주장하기 전까지는 많은 과학적 업적을 이룬 덕분에 큰 존경을 받았다. 그랬던 그가 N선의 존재를 맹신했다고 비웃고 싶겠지만, 사실 비판받아야 할 사람들은 N선을 봤다고 동조한 과학자들이다. 그들은 왜 보이지도 않는 N선으로 수백 편의 논문을 써낸 것일까? 그 이유는 당시 첨단 과학이었던 방사선 분야에서 N선 연구를 통해 명성을 얻고자 했던 그릇된 욕망 때문이다. 한몫 잡으려는 욕망이 뵈지 않는 N선을 확신하게 만들었고 N선이 실제로 존재하는 양 떠들게 만들었던 것이다.

눈에 보인다고 중요한 것은 아니다. 생텍쥐페리의 《어린 왕자》에 등장하는 여우는 이 말의 의미를 알고 있었을 것 같다. "중요한 것은 눈에 보이지 않아."

오른손잡이가 왼손잡이보다
많을 수밖에 없는 이유

세상에 왼손잡이보다 오른손잡이가 훨씬 많은 이유는 진화의 관점에서 볼 때 오른손잡이가 왼손잡이보다 많이 살아남았기 때문이라고 유추할 수 있다. 하지만 이것이 오른손잡이가 왼손잡이보다 뛰어나다는 근거는 될 수 없다.

잠시 책을 내려놓고 양손으로 깍지를 껴 보기 바란다. 어느 손의 엄지손가락이 위로 올라왔는가? 항상 그렇지는 않지만 대개 오른손잡이는 오른쪽 엄지손가락이, 왼손잡이는 왼쪽 엄지손가락이 위로 올라온다. 동물행동학자 데즈먼드 모리스Desmond Morris는 인간이 평소에 하는 행동들은 수천 번 반복되기 때문에 무의식중에 자발적으로 이루어진다고 말한다.[11] 깍지를 꼈을 때 위로 올라오는 엄지손가락을 보고 우세한 손이 무엇인지 알아맞힐 수 있는 까닭이다.

그런데 이상하지 않은가? 왜 인간은 오른손잡이가 왼손잡이보다 월등하게 많을까? 손이 2개니까 50 대 50 정도로 나뉘는 게 맞을 듯한데, 왜 10명 중 1명 정도만 왼손잡이고 그 왼손잡이 중에서도 1퍼센트만이 양손잡이인 걸까? 혹자는 오른손을 쓰도록 문화적으로 강제화됐고 오른손잡이들을 위한 물건들이 쏟아져 나왔기 때문에 왼손잡이들이 자신을 숨기고 오른손잡이인 것처럼 사는 것이라 말한다. 그러나 선사 시대에 사용된 손도끼를 보면 하나같이 오른손잡이용이었다는 점에서 이 같은 답은 근본적이지 않다. 그 주장이 맞는다면 왼손을 숭앙하고 오른손을 터부시하는 문명이나 사회 집단이 존재해야 하는데, 왼손잡이가 득세했던 사회는 어디에서도 찾아볼 수 없으니 말이다.

오른손잡이가 많을 수밖에 없는 진화적 특성

아기들을 관찰해도 인간이 대개 오른손잡이임을 알 수 있다. 아기를 안고 있는 엄마들을 살펴볼 기회가 있다면 어느 손으로 아기를 감싸 안고 있는지 살펴보라. 엄마가 왼손잡이든 오른손잡이든 열에 여덟은 왼팔로 아기를 안고 있을 것이다. 그 이유는 엄마의 심장 박동 소리를 들려줌으로써 아기를 안정시키려는 무의식적인 행동 때문이다. 그래서 아기의 오른팔은 엄마의 왼쪽 겨드랑이 밑으로 들어가거나 엄마의 가슴에 눌려서 왼손을 주로 사용할 수밖에 없다. 이렇게 왼손잡이가 될 가능성이 높은 발육 조건에도 불구하고 시간이 지나면 아기는 오른손잡이가 된다. 따라서 오른손잡이가 많은 까닭은 문화적 조건이 아니라 인간의 진화적 특성에서 찾아야 한다.

겉으로 보기에 인간의 몸은 좌우 대칭이지만 실은 중요 장기 인 심장이 왼쪽에 치우친 탓에 완벽한 대칭이라고 볼 수 없다. 길을 걸을 때 벽면을 왼쪽에 두고 가는 게 편할 때가 많을 텐데 그 이유는 이 상태가 심장을 보호하는 데 유리하다고 무의식적 으로 느끼기 때문이다. 그래서 적과 맞닥뜨렸을 경우 벽 쪽에 붙 은 나머지 공간의 제약을 받는 왼손보다는 오른손으로 상대를 위협하거나 방어해야 효과적이다.

좀 더 시간을 거슬러 올라가 인간이 유인원과 다를 바 없는 생 활을 했을 때, 나무에 달린 열매를 따기 위해서는 오른손 사용이 훨씬 안전했을 것이다. 실수로 나무에서 떨어지더라도 심장이 덜 위험할 테니 말이다. 이렇듯 왼손잡이들은 진화 과정에서 퇴 출의 위협을 받을 수밖에 없었다. 보행자의 우측통행 캠페인을 늘 벌이지만 잘 정착되지 않는 이유도 여기에서 찾을 수 있다. 심장을 보호하려는 인간의 무의식은 생각보다 강력하다.

진화적 특성이 문화적 압력을 낳다

오른손잡이가 많을 수밖에 없는 또 하나의 이유가 있다. 알다시피 좌뇌는 신체의 오른쪽을, 우뇌는 신체의 왼쪽을 관장한다. 심장을 지켜야 하는 왼손보다는 오른손으로 초기의 언어를 표현하고 보조했을 가능성이 큰데, 오른손을 자주 쓰면서 언어와 관련된 영역이 좌뇌에 자리를 잡았을 것이다. 이렇게 좌뇌가 발달하면서 오른손 사용이 더 활발해졌고 자연스럽게 오른손잡이가 월등히 많아졌다고 볼 수 있다.

일반적으로 글씨를 왼쪽에서 오른쪽으로 써 가는 이유, 피아노 건반이 오른쪽으로 갈수록 고음이 위치하는 이유, 운동장 트랙을 반시계 방향으로 도는 이유는 사람들로 하여금 오른손잡이가 되도록 만드는 문화적 강제화가 아니라 진화적 특성에 있다. 문화적으로 오른손잡이 세상이 되는 바람에 왼손잡이가 살기 힘들어진 것은 사실이나, 애초부터 진화적 특성 때문에 문화적으로도 왼손잡이들이 압력을 받게 됐다고 봐야 옳다.

이렇게 진화적, 문화적 압력을 받는 탓인지 왼손잡이들은 오른손잡이에 비해 취약한 경향을 보인다. 미드스웨덴대학교의 알리나 로드리게스Alina Rodriguez 교수의 연구에 따르면, 왼손잡이들에게 난독증, 조현병, 주의력 결핍 과잉 행동 장애ADHD 등의 정신 질환이 상대적으로 많이 발견된다.[12] 또한 산모가 임신 중 우울증이나 극심한 스트레스를 겪으면 아이가 왼손잡이 혹은 양손잡이가 될 가능성이 3배나 높다고 한다.

이 글은 오른손잡이가 왼손잡이보다 뛰어나다는 말을 하기 위함이 아니다. 인간의 심장이 어쩌다가 왼쪽에 치우친 까닭에 오른손잡이가 왼손잡이보다 많아진 것뿐이다. 런던대학교의 크리스 맥매너스Chris McManus 교수는 자신의 연구 결과를 토대로 "전체 인구의 10퍼센트가 왼손을 더 많이 쓴다는 것 말고 뚜렷한 시사점은 없다"고 말한다.[13] 어떤 손을 더 많이 쓰든 좋은 점과 부족한 점이 모두 존재한다는 뜻이다.

표정이 만드는 웃음,
웃음이 만드는 행복

"웃으면 복이 온다. 웃는 낯에 침 못 뱉는다"는 옛말이 있다. 이는 과학적으로도 근거가 있다고 볼 수 있다. 억지로라도 웃으면 내 몸과 마음이 웃게 될 뿐만 아니라 상대방도 큰 영향을 받기 때문이다.

선천적으로 안면 근육이 마비되는 희귀 질환인 '뫼비우스 증후군'을 앓는 환자들은 기쁘거나 슬퍼도 아무런 표정을 짓지 못한다. 누구나 박장대소하는 코미디언을 보고도 마음껏 웃지 못하는 그들은 어떤 심정일까? 그들의 감정을 간접적으로 경험하고 싶다면 투명 테이프를 입 전체에 붙인 다음 〈개그 콘서트〉 같은 프로그램을 시청해 보라. 십중팔구 다른 때보다 그날의 재미가 별로라고 평가할 것이다.

만약 입에 테이프를 붙인 채 하루 종일 지내야 한다고 가정해 보자. 입에 음식을 넣을 수 없어 배고픈 것은 둘째 치고 몇 분도 채 지나지 않아 행복감이 저하되고 급기야 우울한 상태에 빠지고 말 것이 분명하다. 이 때문에 뫼비우스 증후군 환자들은 보통 사람들보다 행복감을 덜 느낄 뿐만 아니라 타인과의 관계 맺기에도 실패할 수밖에 없다. 친절한 표정으로 다가갔다가 상대방이 무표정할 경우 얻게 되는 마음의 상처를 떠올린다면, 뫼비우스 증후군 환자들이 사회생활을 하면서 남들에게 어떤 대접을 받을지 상상할 수 있을 것이다.

얼굴 표정의 다양한 역할

우리가 항상 드러내 놓고 다니는 얼굴은 상당히 민감한 신체 기관 중 하나다. 우리 몸에서 얼굴이 차지하는 면적은 상대적으로 작은데도 불구하고 눈둘레근, 눈썹주름근, 입꼬리내림근 등 무려 40여 개의 근육이 좁은 얼굴에 빽빽하게 들어차 있다. 이런 안면 근육들은 뇌에서 수신받는 감정을 복잡하고 미묘하게 표현하는 역할을 담당하지만 거꾸로 뇌에게 "이런 감정 상태에 있다"라는 메시지를 송신하는 역할도 한다.

얼굴 표정이 감정으로 이어지고 그 감정이 판단에 거꾸로 영향을 끼친다는 사실은 심리학자 프리츠 스트랙Fritz Strack의 실험으로 쉽게 알 수 있다. 스트랙은 참가자들을 두 그룹으로 나눠 각각 볼펜 끝을 치아나 입술로 물게 했다.[14] 직접 해 보면 알겠지만 치아만으로 볼펜 끝을 물 때는 어쩔 수 없이 입이 옆으로 벌어져서 웃는 표정이 되고, 입술로만 물 때는 입이 앞으로 튀어나오면서 볼이 홀쭉해지는 뚱한 표정이 된다. 참가자들에게 볼펜 끝을 문 채 만화 4편을 보고 얼마나 재미있는지 평가하라고 했더니, 치아로 볼펜을 문 사람들이 입술로 볼펜을 문 사람들보다 상대적으로 만화가 더 재미있다고 평가했다. 이처럼 얼굴 표정이 만들어 낸 감정은 뇌에 피드백되고 뇌가 감지한 감정은 판단 메커니즘에 피드백된다.

그래서 인위적으로 주름을 없애는 보톡스 시술에 주의해야 한다. 나이가 들수록 뚜렷해지는 주름살은 노화라기보다는 살면서 어떤 안면 근육을 자주 사용했는지를 보여 주는 중요한 표식이다. 평소에 잘 웃고 즐거운 표정을 지었다면 눈꼬리에 방사형의 주름이 뚜렷하고 입 주변에 소위 '팔자 주름'이라 불리는 주름이 깊어진다. 안동의 하회탈처럼 보는 사람도 함께 미소 짓게 만드는 이런 '웃음 주름'을 없애고자 보톡스를 시술하면 비록 외모는 나아 보일지언정 웃고 싶은 감정 표현을 제대로 하지 못해 대인 관계에서 어려움을 겪을지 모른다. 이것은 보톡스를 맞아

'굳은 표정'을 갖게 된 청소년들이 자신의 감정을 자연스럽게 느끼지 못하고 감정 표현에 서툴게 된다는 임상 간호사 헬렌 콜리어Helen Colier의 연구를 통해 짐작할 수 있다.[15]

웃는 표정을 대하면 몸도, 마음도 웃게 된다

보톡스 시술의 더 큰 문제는 타인의 감정까지 잘 감지하지 못하게 된다는 사실이다. 심리학자 데이비드 닐David Neal이 참가자들에게 사진 속 인물의 감정을 알아맞히도록 하니 보톡스를 맞은 참가자들의 정답률이 상대적으로 저조했다.[16] 우리 뇌에는 상대방의 감정에 동감하게 만드는 '거울 뉴런'이 존재한다. 아마도 상대방의 감정을 나의 표정으로 복제한 다음 거울 뉴런에 전달하는 과정에서 보톡스가 훼방꾼 노릇을 하는 듯싶다.

미용 목적으로 보톡스를 시술한다면 웃음 주름보다는 찡그리거나 화를 낼 때 만들어지는 주름을 완화시키는 게 차라리 낫다. 미간에 세로로 깊이 파인 주름이 대표적인 '짜증 주름'인데, 미국 피부외과학회에서 발표된 연구에 따르면 이 주름에 보톡스 주사를 맞은 우울증 환자 10명 중 9명이 차도를 보였다.[17] 다른 약물이나 심리 치료에도 반응하지 않았던 환자들이었기에 그

의미는 더 크다. 웃음 주름은 살리고 짜증 주름을 줄이는 방향이 보톡스를 올바르게 활용하는 방법이 아닐까?

보톡스 시술을 받든 말든 개인의 자유지만 뫼비우스 증후군 환자들의 고통을 생각한다면 '웃을 수 있어 행복하다'는 사실을 기억하자.

텔레파시는 초능력이 아니라
통신 혁명이다

인류의 통신 기술은 봉화와 전서구부터 인터넷과 모바일까지 발전을 거듭하며 지리적 한계를 극복했다. 이제는 이모티콘, 번역 서비스, SNS 등으로 언어적 장벽까지 뛰어넘었다. 그런데 텔레파시가 상용화되어 심리적 장벽까지 허물어진다면 우리의 일상은 어떻게 달라질까?

어렸을 적 관자놀이에 손가락을 짚고 텔레파시를 흉내 내며 '너에게 내 생각을 전달할 테니 맞혀 봐' 하며 놀던 경험이 있을 것이다. 공상 과학 영화에서 약방의 감초처럼 등장하는 텔레파시의 전형은 영화 〈아바타〉에서 찾을 수 있다. 알다시피 영화 내에서 원주민인 나비 족과 인간들은 '언옵타늄'이라는 희귀 광물을 놓고 처음에는 협력하다가 나중에는 전쟁까지 벌이게 된다. 캡슐 속에 들어간 주인공은 센서를 통해 자신의 뇌에서 만들어진 생각을 아바타의 뇌에 전송하고, 아바타는 그 생각에 맞춰 팔다리를 움직이거나 감정을 그대로 '전이' 받는다. 아마도 많은 관객이 텔레파시가 두 개체 사이를 왔다 갔다 하고 서로의 감각과 감정들을 잡음 없이 이어 주는 모습을 보면서 '저건 영화니까 가능하지'라고 치부했을 것 같다.

하지만 텔레파시는 초능력이 아니라 과학이다. 많은 과학자가 텔레파시에 관하여 다양한 연구 결과를 쏟아 내고 있다. 인간의 뇌는 전기를 띠는데, 여러 생각을 떠올리는 과정에서 뇌 속의 전자들이 역동적으로 움직이고 일종의 라디오파를 공중에 방출한다. 이것이 바로 텔레파시다. 물론 그 강도가 너무나 미약해서 멀리 전송되지 못하고 금세 여러 잡음 때문에 왜곡되어 버린다. 설사 잡음 없이 타인에게 내 생각을 보냈다 하더라도 그 전파를 해독할 능력이 인간에겐 없다.

텔레파시의 무한한 활용 가능성

그러나 과학자들은 기계의 도움을 받으면 생각만으로 전화를 걸수 있고 자동차를 운전할 수 있고 멋진 글을 쓸 수도 있다고 말한다. 피실험자에게 뇌전도 스캔 센서가 여럿 달린 헬멧을 씌우고 가방 사진을 보여 주면, 컴퓨터는 100만 분의 1초마다 피실험자의 생각을 읽어 내 그가 가방을 보는 중이라는 것을 알아맞힐 수 있다. 미국 캘리포니아대학교 버클리캠퍼스(UC버클리)의 브라이언 파슬리Brian Pasley 박사는 피실험자가 머릿속으로 떠올린 단어를 컴퓨터로 알아맞히는 실험에 성공했다.[18] 또한 오스트리아의 연구자들은 뇌전도 스캔을 이용해 생각만으로 1분에 5~10개의 글자를 입력할 수 있는 장치를 무역 박람회에 출품한 바 있다.[19]

현재 이런 기술은 뇌졸중이나 루게릭병으로 전신이 마비된 환자들이 컴퓨터를 통해 간단한 대화를 나누는 용도로 활용이 제한되고 있다. 하지만 미래에는 거추장스러운 헬멧을 쓰지 않고 뇌 속에 칩을 심는 방식으로 텔레파시를 일상화할 수 있을 것으로 보인다. 누구나 키보드나 마우스 없이 생각만으로 이메일을 작성하고 멀리 떨어진 친구와 채팅을 하고, 작곡가들은 떠오르는 악상을 기록하느라 악보를 펼쳐 들거나 녹음기를 켜지 않아도 컴퓨터에 바로 악보를 그릴 수 있을 것이다.

전투를 수행할 때도 텔레파시가 유용하게 쓰이지 않을까? 총성과 폭발음 때문에 소대장의 명령이 전달되지 않거나 오해될 가능성을 텔레파시가 완벽히 없애 주기 때문이다. 아직 갈 길이 멀지만 과학자들의 성과는 현재의 스마트폰만큼이나 텔레파시를 자유롭게 활용하는 시대로 차츰 전진하고 있다.

텔레파시는 너와 나의 연결 고리

텔레파시가 실용화되었을 때의 가장 큰 매력은 멀리 떨어진 대상에게 내 생각을 전송할 수 있다는 점이다. 듀크대학교의 미겔 니코렐리스Miguel Nicolelis는 뇌 속에 칩이 심어진 원숭이에게 트레드밀을 돌리도록 한 다음 뇌 신호를 인터넷을 통해 멀리 일본 도쿄의 과학자들에게 전송했다.[20] 그랬더니 네트워크에 연결된 로봇이 원숭이의 걸음걸이를 똑같이 재현했다.

2013년에는 드디어 인간과 인간 사이의 교신 실험이 성공을 거두었다. 송신자가 비디오 게임을 하는 도중에 오른팔로 대포를 발사하는 행동을 상상하면, 수신자는 자신의 의지와 상관없이 오른팔을 움직였던 것이다.[21] 이런 기술이 정교해지면 롤러코스터를 타고 있는 내 느낌을 미국의 친구가 고스란히 느끼게 할 수 있을 것이다.

텔레파시는 더 이상 공상 과학 이야기가 아니다. 물론 그 때문에 두려워지는 것도 사실이다. 혹시 내 머리에 전송된 타인의 생각을 내 것으로 착각하게 되지 않을까? 어디까지가 '나'인지 불분명해질지 모른다. 유전 공학의 경우처럼 머지않아 텔레파시의 윤리를 논하게 될지 모르니 미리 대비해 두자.

상어 비늘 기술로
풍력 발전에 날개를 달다

여러 재생 에너지 중에서 가장 먼저 산업적 규모로 운영된 풍력 에너지. 유럽연합의 경우 2020 재생 에너지 목표 달성에 가장 크게 기여할 에너지원으로 꼽힌다. 2030년 재생 에너지 비중을 약 20퍼센트까지 높이려는 우리나라의 풍력 발전은 현재 어느 정도 수준일까?

출장 때문에 유럽을 방문하여 그곳의 고속도로를 이용할 때마다 드넓은 들판이나 언덕에 서 있는 풍력 발전기를 볼 수 있었다. 처음에는 장관이라는 생각에 연신 카메라를 눌러 댔지만 나중에는 심심치 않게 나타나서 무감해질 정도다. 네덜란드를 지나는 길에 잔 지방에 위치한 마을 잔세스칸스Zaanse Schans에 들른 나는 풍력 발전의 원류인 풍차를 만났다. 이곳은 무역과 어업이 번창하여 17~18세기 무렵 수백여 기의 풍차가 돌아가던 지역이었지만 증기 기관의 등장으로 조금씩 그 수가 줄다가 내연 기관이 일상이 된 지금은 관광용으로 10기 정도만 유지되고 있다.

4유로의 입장료를 내고 들어가면 땅콩에서 기름을 짜고 염료 가루를 만드는 모습을 구경할 수 있다. 내연 기관과 전기 모터를 이용한 요즘의 방식에 비하면 한없이 더딘 작업이지만 육지보다 바다가 높은 네덜란드의 척박한 환경에서 삶을 일구어 가던 옛 사람의 간난과 지혜를 동시에 엿볼 수 있다.

바람으로 맷돌을 돌릴 수 있다면 전기도 만들 수 있지 않을까? 1852년 미국에서 발전기와 축전지가 연결된 풍력 터빈이 최초로 제작되었고, 1891년에 덴마크의 기상학자 폴 라쿠르Paul La Cour가 오랫동안 실험을 거듭해 풍력 발전기의 원형을 처음 건설하면서 풍력 발전의 역사가 시작되었다. 북해와 발트해에서 불어오는 강한 바람을 자연스럽게 전기 생산의 자원으로 생각한 것이다. 이후 네덜란드 엔지니어들이 날개를 유선형으로 만드는 등의 개선을 통해 3개의 날개가 돌아가는, 거대한 선풍기 모양의 풍력 발전기가 완성되었다.

바람의 힘으로 어떻게 전기를 만들 수 있을까? 요즘에도 있는지 모르겠으나 어릴 적에 타고 다니던 자전거에는 핸들 아래에 전구가 달려 있었고 전선을 따라가면 바퀴에 물려서 돌아가는 조그만 발전기가 있었다. 바퀴가 돌아갈 때 발전기를 갖다 대면 페달 밟는 속도에 따라 전구가 밝아졌다가 어두워졌다가 했다. 풍력 발전의 원리는 그것과 동일하다. 풍력 발전기에서 선풍기 모터와 비슷하게 생긴 주 발전 장치 부분을 '나셀'이라고 하는데, 이것이 바람의 힘을 전기 에너지로 바꾼다.

풍력은 청정에너지지만 풍력 발전의 확대를 논할 때마다 발전 효율이 도마 위에 오른다. 전기 생산의 주력인 화력 발전의 효율은 40~50퍼센트고 수력 발전은 80~90퍼센트지만 풍력 발전의 효율은 30퍼센트다. 상대적으로 효율이 떨어지는 것은 사실이지만 또 다른 대체 에너지원으로 각광받는 태양광 발전이 8~15퍼센트인 것에 비하면 상당히 높은 수준이다.[22]

풍력 발전 효율을 높이는 상어 비늘

다행히 기술의 발달로 풍력 발전의 효율이 조금씩이나마 증가하고 있다. 독일의 대표적인 기계 부품 및 재료 분야 전문 연구소인 IFAM 연구소는 상어 비늘을 본뜬 구조를 날개에 적용하면 날개가 회전할 때 발생하는 소음을 줄일 뿐만 아니라 효율을 30퍼센트 이상으로 끌어 올릴 수 있다고 밝혔다.[23] 상어의 비늘은 상어가 헤엄칠 때 발생하는 작은 소용돌이가 피부에 닿지 않도록 밀어내는 역할을 하기 때문에 적은 힘으로 빠르게 헤엄칠 수 있도

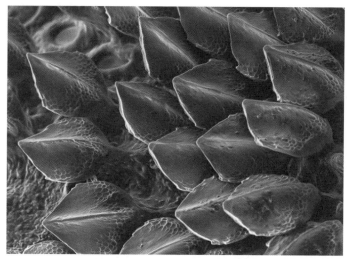

:: 상어 비늘의 확대 사진. 상어 비늘 기술은 수영복과 풍력 발전기 날개 외에도 타이어, 잠수함, 비행기 제작에 이용되고 있다.

록 도와준다. 세계적인 수영 선수 마이클 펠프스Michael Phelps가 2008년 베이징 올림픽에서 '상어 비늘 수영복'을 입고 8개의 금메달을 따내 화제가 되기도 했는데, IFAM 연구소는 나노 기술을 이용해 '상어 비늘 날개'의 실용화에 성공한 것이다.

유럽 여행을 한다면 관광뿐만 아니라 에너지에 대한 그들의 노력을 체험하는 것도 좋지 않을까? 특히 덴마크의 미델그룬덴Middelgrunden을 추천할 만하다. 이곳은 바다 위에 줄지어 선 20기의 풍력 발전기로 유명해서 관광객들이 즐겨 찾는 곳이다. 놀랍게도 주민 8500여 명이 협동조합을 구성해 발전소 건설에 투자했고 여기에서 만들어진 전기를 판매하여 정기적으로 높은 수익을 거두고 있다.[24]

우리나라에도 대관령 삼양목장 등에 풍력 발전기가 있지만 풍력으로 전기 수요의 140퍼센트를 생산한다는 덴마크에 비하면 걸음마 단계다.[25] 화력 발전으로 인한 미세 먼지 발생을 줄이고 석유 고갈에 대비하기 위한 방법으로 풍력과 같은 대체 에너지 투자와 기술 개발에 정부와 민간 기업들이 보다 많은 관심을 기울여야 하지 않을까?

'알파고 님'은 당신의 예상보다 더 가까이에 계신다

2018년 세상을 떠난 천재 물리학자 스티븐 호킹은 생전에 한 컨퍼런스에서 "AI의 창조는 인간에게 마지막을 선사할 것이고, 100년 뒤 로봇이 인간을 지배할 것"이라고 말했다. 과연 인공 지능과 로봇의 발전은 인류의 미래를 위협할까?

2016년 3월 9~15일까지 세간의 이목을 끌며 펼쳐졌던 구글의 인공 지능 알파고와 이세돌 9단의 대국은 4대 1로 알파고가 우승했다. 알파고가 1국부터 3국까지 연달아 이기고 마지막 5국까지 승리로 장식하자 많은 사람이 머지않아 기계가 인간을 압도하고 정복하지 않을까 하는 불안감을 느끼면서도 인공 지능의 현실과 미래에 커다란 관심을 보였다.

1997년 IBM의 딥블루가 당시 체스 세계 챔피언인 가리 카스파로프Garry Kasparov를 이겼던 때보다 놀라움과 두려움이 더 큰 이유는 아마도 바둑의 경우의 수가 10의 170제곱으로 체스보다 훨씬 복잡하기 때문일 것이다.

이런 빅 매치로 인해 사람들은 인공 지능의 능력을 실감한 모양이지만, 사실 몇몇 분야에서는 인공 지능이 이미 인간의 능력을 초월한 상태다.

2011년 2월 TV 퀴즈 쇼 〈저퍼디Jeopardy〉에서 우승한 IBM의 인공 지능 컴퓨터 '왓슨'은 암 진단 분야에서 의사들을 앞지르고 있다. 암 전문의의 초기 오진율은 20~44퍼센트에 달하는데, 왓슨의 오진율은 2~9퍼센트밖에 안 된다.[26] 크레디트 스위스 은행은 인공 지능을 통해 투자 의사 결정을 돕는 보고서를 내고 있는데, 애널리스트보다 3배 더 많은 양을 써내면서도 보고서의 질이 높고 일관성이 있다고 한다.[27] 구글의 인공 지능 개발 책임자 레이 커즈와일Ray Kurzweil은 2045년이 되면 인공 지능이 인간의 지성과 능력을 앞설 것이라고 공언했다.[28]

인공 지능은 '정말' 인간의 적인가?

인공 지능이 인간의 직업과 생존을 위협한다고 두려워해야 할까? 페이스북에서는 "뭐가 대수인가? 전기밥솥은 오래전부터 나보다 밥을 더 잘 지어 왔다"란 우스갯소리가 돌았다. 철학자 도올 김용옥도 "인간이 언제 기계를 이긴 적이 있나? 계산에서 는 손바닥만 한 계산기에게도 지잖아"라고 일갈했다.[29] 자동차 가 빨리 달리기 위해서 만들어졌듯이 알파고도 바둑을 두기 위 해 만들어진 기계일 뿐이니 알파고가 바둑에서 이세돌을 이겼다 고 해서 기계가 인간을 지배하는 터미네이터의 세상이 곧 도래 하리라 호들갑 떨 필요는 없다.

왜냐하면 물리학자 미치오 카쿠Michio Kaku의 말마따나 인공 지능은 아직까지 '형태 인식'과 '상식'이라는 2가지 기본적 문제 를 풀지 못하고 있기 때문이다.[30] 인간은 눈에 보이는 물체가 흰 컵인지 아니면 하얀 비누인지 인식할 수 있지만, 기계가 그런 수 준이 되려면 세상의 모든 물건들에 대해 엄청난 양의 데이터를 수집해야 하고 순식간에 계산할 수 있어야 한다. 게다가 물건이 놓인 주변 환경의 변화들도 모두 고려해야 하기 때문에 결코 쉬 운 일이 아니다.

상식을 갖게 만드는 것 또한 역시 어렵다. "엄마는 딸보다 나 이가 많다"와 같이 네 살짜리 아이의 상식을 컴퓨터로 구현하려 면 수천만 줄의 프로그램이 필요한데, 그렇게 해도 네 살짜리 아 이의 사고 능력과 감정에는 미치지 못한다.

인공 지능 발전의 한계

컴퓨터 칩의 물리적인 한계도 로봇이 인간을 지배하지 못하게 막는 장벽 역할을 한다. 칩을 아주 정밀하게 설계한다 해도 원자 크기의 5배보다 작게 만들면 '입자의 위치와 운동량을 동시에 정확하게 측정할 수 없다'는 물리학자 베르너 하이젠베르크Werner Heisenberg의 '불확정성 원리'에 빠지고 만다. 엄청난 열이 발생하여 회로가 모두 망가지기 때문에 실리콘을 기본으로 하는 컴퓨터 칩으로는 능수능란한 인공 지능 로봇을 만들기가 불가능에 가깝다.

영화 〈아이언맨〉의 '자비스'처럼 뭐든지 척척 처리해 주고, 영화 〈그녀〉 속 남자 주인공의 사이버 여자 친구 '사만다'처럼 매혹적인 목소리로 쓸쓸한 삶을 위로해 주는 인공 지능과 '함께 살려면' 아마도 양자 컴퓨터가 실용화되어야 가능하지 싶다.

한때 SNS에 알파고를 만들 시간이 있으면 '구글 번역기'의 성능이나 올리라는 비판이 떠돈 적이 있다. 이제는 제대로 번역이 되지만, 구글 번역기에 '나는 백조 한 마리를 키우고 싶다'라고 적으면 'I would like to raise a 100,000,000,000,001'이라는 엉터리 번역이 나온 적이 있었다. 인간에게 바둑 하나 이겼다고 인공 지능의 승리라고 받아들인다면 그건 구글의 마케팅에 걸려들었다는 뜻이다. 언젠가는 인공 지능이 상용화되는 시대가 오겠지만 기계의 위협을 대비하고 막아 낼 시간은 충분하다. 로봇을 만들 때 로봇의 최상위 임무가 인간을 보호하는 것이라는 사실을 반드시 주입시켜야겠지만.

페니실린 대량 생산으로 살펴보는
과학과 공학의 관계

많은 사람이 과학과 공학의 차이를 제대로 구분하지 못한다. 그러면서도 자연의 원리를 연구하는 과학이 실용적인 공학보다 더 고상하다고 여긴다. 하지만 페니실린 대량 생산을 위한 공학자들의 노력이 없었다면 인류는 수많은 질병을 극복하지 못하고 평균 수명은 20세기 초처럼 여전히 40세 전후를 맴돌았을 것이다.

페니실린은 1928년 영국의 생물학자인 알렉산더 플레밍Alexander Fleming에 의해 우연히 발견되었다. 실험을 위해 포도상구균을 배양하던 플레밍은 정체 모를 곰팡이가 배양 접시에 핀 것을 보고 처음에는 오염됐다고 착각했다. 하지만 그 곰팡이가 전염성 높은 박테리아를 죽이는 모습을 관찰하고는 강력한 항생제인 페니실린을 추출해 냈다.

하지만 1929년 플레밍이 페니실린의 발견을 알렸을 때 의학계의 반응은 생각만큼 뜨겁지 않았다. 페니실린이 특효가 있는 항생제라는 점은 누구나 인정했지만 환자 치료에 실질적으로 활용되려면 화학적으로 페니실린을 분리하고 대량 생산해야 하기 때문이었다. 10년 후 언스트 체인Ernst Chain과 하워드 플로리Howard Florey가 페니실린을 분리하는 데에는 성공했지만 여전히 대량 생산의 비법을 밝히지 못해서 환자 치료에 크게 활용되지 못했다. 플레밍 본인도 오랫동안 대량 생산에 매달렸지만 결국 포기하고 말았다. 마거릿 허친슨 루소Margaret Hutchinson Rousseau라는 여성 공학자가 등장하기 전까지 페니실린의 대량 생산은 요원한 꿈이었다.[31]

전쟁은 과학 기술 발전의 요람?

전쟁이 혁신을 자극한다던가? 제2차 세계 대전 당시 부상당한 군인들이 걸리기 쉬운 패혈증을 치료하려면 페니실린이 엄청나게 많이 필요했지만 당시의 생산량은 턱없이 부족했다. 페니실린이 신체에 들어가면 면역계의 공격을 받아 얼마 지나지 않아 죽기 때문에 한 번에 많은 양을 투여해야 하는 문제도 있었다. 이런 상황에서 허친슨에게 페니실린을 대량 생산하라는 도전 과제가 떨어졌다. MIT에서 화학공학 박사 학위를 받은 최초의 여성이기도 한 그녀는 합성 고무의 생산 프로세스와 전투기용 고옥탄가 연료를 증류하는 법을 개발한 업적을 이루었다. 하지만 추출과 정제 과정이 말 그대로 '끔찍하다'고 혀를 내두르기 일쑤인 페니실린에 관해서는 별로 아는 바가 없었다.

그런데 어떻게 허친슨은 페니실린의 대량 생산법을 발견할 수 있었을까? 그녀는 현명하게도 기존에 이미 실용성이 입증된 방법들을 활용하기로 했다. 그녀는 제약 회사 화이자Pfizer가 설탕으로 구연산, 글루콘산 등 식품 첨가제를 생산할 때 쓰는 '딥 탱크 발효' 프로세스를 사용했다. 뉴욕 브루클린의 다 쓰러져 가는 얼음 공장을 페니실린 생산 공장으로 탈바꿈시킨 허친슨은 설탕, 우유, 무기질, 사료를 혼합해서 엄청난 양의 곰팡이를 생산한 다음 정유 회사에서 일할 때 능숙하게 사용하던 화학물 분리 프로세스를 적용했다. 식품의 발효와 석유 화학 프로세스, 이 2개의 이질적인 분야를 융합하여 새로운 가치를 창조한 것이다. 그 결과 1943년 첫 5개월 만에 4억 단위의 페니실린이 생산됐고, 그해 말에 이르러 생산량이 500배나 급증했다. 1945년 8월까지 총 6500억 단위의 페니실린이 군용과 민간용으로 사용되어 수많은 생명을 구할 수 있었다.

허친슨의 업적을 외면한 노벨상

허친슨도 충분히 노벨상 수상 자격이 있지 않을까? 하지만 노벨상 위원회는 1945년에 플레밍, 체인, 플로리를 노벨 생리의학상 공동 수상자로 결정했다. 이들 셋에게는 강연 요청이 쇄도하고 많은 훈장이 주어졌지만 허친슨은 페니실린을 다룬 역사책 속에 각주로만 처리돼 있다.

이는 여성에 대한 차별도 한몫했겠지만 아마 공학(엔지니어링)을 과학보다 아래에 두는 시각도 크게 작용했으리라. 하지만 페니실린의 사례처럼 최초의 창조와 그것을 개선하고 현실에 응용하는 것은 똑같이 중요하다. 어쩌면 공학이 우리 삶을 더욱 풍요롭게 만들진 않았을까? 구텐베르크가 포도 착즙기의 용도를 바꿔 목판 인쇄에 활용하는 '공학적 발명'으로 지식 혁명이 촉발됐다는 사실만 봐도 그렇다.

공학은 우리가 접하는 현실 세계의 문제를 해결하는 데 집중하는 학문이다. 실험실에서는 깔끔하게 나오는 결과도 현실에서는 여러 가지 제약 조건 때문에 적용이 어려운 경우가 많다. 그런데 공학은 허친슨이 그랬듯이 재조합하고, 최적화하고, 때론 시행착오를 거듭하면서 유용한 해결책에 접근하도록 만든다. 주위를 둘러보라. 아마 공학의 손길이 닿지 않은 물건과 시스템은 하나도 없을 것이다. 국가 영웅이란 칭호를 얻은 플레밍의 장례식은 국장으로 치러졌지만 허친슨은 자택에서 조용히 눈을 감았다. 앞으로 공학이 과학에 비해 경시되는 일이 없길 바란다.

진화를 진보라고 믿는
어리석음에 대하여

"진화는 곧 진보"라는 잘못된 믿음이 인종주의와 우생학의 바탕이 되었다. 많은 진화 생물학자들은 진화와 진보를 동일한 개념으로 보는 관점은 틀렸다고 주장한다. 사람 과 사람의 우열을 가릴 수 없는 것처럼, 진화의 정도를 두고도 우열을 가릴 수 없다.

학교에서 생명의 역사에 대해 배웠던 수업을 떠올려 보자. 단세 포 생물과 삼엽충의 시대를 거쳐 거대 동물인 공룡의 시대가 도 래하고 그들이 멸망한 후 포유류가 득세하는 세상으로 이어지는 화면이 머릿속에 파노라마처럼 펼쳐질 것이다. 또한 오스트랄로 피테쿠스로부터 진화된 호모 사피엔스가 어두침침한 동굴 벽에 그림을 그리는 모습이 스크린에 투영될 것이다.

대부분의 사람은 단순한 것에서 복잡한 것으로, 몸집이 작은 것에서 큰 것으로, 지능이 하등한 것으로부터 고등한 것으로 발전해 왔다고 믿는다. 진화의 맨 꼭대기에 소위 '만물의 영장'이라는 인간을 당당히 세운다. 인간이 지금까지 명멸해 온 모든 생물을 통틀어 가장 완성된 형태의 생명체라고 간주한다. '진화는 진보이고, 인간이 진화의 정점'이라는 주장은 과연 옳을까? 유명한 천문학자인 칼 세이건Carl Sagan조차 "대체로 멍청한 생물보다는 똑똑한 생물들이 더 잘 생존해 더 많은 자손을 남길 수 있다"며 진화와 진보를 동일한 개념으로 말했다.[32]

진화와 진보는 분명하게 다르다

하지만 진화생물학자들은 진화가 곧 진보라는 개념을 폐기해야 한다고 목소리를 높인다. 진화학자 스티븐 제이 굴드Stephen Jay Gould는 생명의 진화를 곧 진보로 이해하는 대중과 일부 과학자들의 생각을 강하게 비판한다. 그는 생명의 진화는 그저 생명의 '다양성'이 확대되는 과정이라고 주장했다.[33] 박테리아로부터 시작해 복잡하고 몸집이 크며 지능이 높은 종種이 출현한 까닭은 보이지 않는 힘에 의해 예정된 것이 아니라, 생명체가 더 이상 단순해질 수 없기 때문에 복잡해지고 지능이 높아지는 쪽으로만 변이가 일어났기 때문이다.

굴드는 왼쪽에 가드레일이 있고 오른쪽에는 도랑이 있는 길을 비틀비틀 걸어가는 주정뱅이의 예를 들었다. 그 주정뱅이는 완전히 술에 취해 왼쪽과 오른쪽으로 무작위로 비틀거리는데, 왼쪽 가드레일에 몸을 부딪히면 오른쪽으로 튕겨 나온다. 왼쪽에는 가드레일이 있기 때문에 결코 그 너머로는 비틀거릴 수 없다. 이 사람을 부축하지 않고 비틀거리게 놔두면 언젠가는 도랑에 처박히게 된다.

왼쪽 가드레일은 더 이상 단순해질 수 없는 '생명체의 한계'를, 주정뱅이의 비틀거림은 종의 '변이'를 뜻한다. 또한 오른쪽 도랑으로 빠지는 사건은 변이가 축적되어 '새로운 종이 출현'한 것을 의미한다. 그런데 도랑에 빠지는 상황이 비틀거리는 모습보다 극적이라고 해서 '저 주정뱅이는 도랑에 빠지도록 사전에 예정됐다'고 말하기는 어렵다. 불쌍한 주정뱅이는 그저 심하게 비틀거리다가 우연히 도랑에 빠진 것에 불과하기 때문이다. 인간은 주정뱅이가 수없이 비틀거리고 도랑에 빠진 끝에, 시쳇말로 '갑툭튀(갑자기 툭 튀어나온)'한 종일뿐이다.

사람들은 인간이 진화의 완성점이고 가장 진보된 형태의 생명체라고 믿고 싶겠지만, 여전히 지구의 대부분을 덮고 있는 생명체는 박테리아다. 생명의 다양성이 증가한 것은 사실이지만, 여전히 박테리아가 생태계의 가장 넓은 면적을 차지하는 지구의 주인이다. 다만 너무 작아서 우리의 눈에 보이지 않을 뿐이다. 지구상에 존재하는 생물들의 총량을 '생물량'이라고 부르는데, 인간의 생물량은 1억 톤이지만 박테리아는 6000억 톤에 이른다고 추정된다.

과학과 사회는 정말로 '진보'하는가?

진화Evolution라는 단어의 원래 의미는 '두루마리를 펼치는 것'이었다. 그리고 다윈 이전의 생물학에서는 나방이나 딱정벌레 같은 곤충들의 변태(탈바꿈)를 의미하는 말로 쓰였다. 찰스 다윈의 저작 어디에도 진화라는 말은 나오지 않는다. 진화를 진보의 의미로 오해하게 만든 사람은 그 말을 처음 사용한 사회학자 허버트 스펜서Herbert Spencer였다. 그는 진화론을 인간 사회에 적용하여 '사회 다윈주의Social Darwinism'라는 정치 이념을 창안했으며 훗날 인종주의와 우생학이 정당화되도록 만든 장본인이다. 그는 약자를 위한 복지 정책은 적자생존이라는 자연법칙에 역행한다고 주장했는데, 그 이유는 발전과 진보를 위해서 약자들을 지속적으로 제거해 나가는 것이 사회의 진화라고 보았기 때문이다.[34] 우리가 진화를 진보의 의미로 잘못 알고 있는 데에는 스펜서의 사회 다윈주의가 한몫하고 있다.

생물의 진화가 진보는 아니듯 정치, 경제, 사회의 진화도 진보는 아닌 듯하다. 우리는 제2차 세계 대전이 발발하던 때보다 지금의 문화가 더 진보됐다고 믿는다. 하지만 어떤가? 한국 전쟁, 베트남 전쟁, 걸프 전쟁, 이라크 전쟁 등 일일이 열거하기 어려운 광기는 오늘날에도 계속되고 있다. 그리고 사회 경제 시스템은 매번 불황의 위협에 시달리고 있다.

심지어 과학이 진보한다는 말도 옳지 않을지 모른다. 강력한 핵폭탄이 즐비한 지금이 칼과 창으로 싸우던 옛날보다 과연 진보한 걸까? 과학은 인간의 수명을 연장시켰지만 동시에 인체를 화학 쓰레기장으로 타락시켜 기존 질병이 사라지는 속도보다 빠르게 신종 질병을 발발시켰다. 공학은 100층이 넘는 초고층 빌딩을 만들어 내는 위업을 달성했다지만 화재에 대한 대비책은 뚜렷이 제시하지 못하잖은가?

인간이 생명 진화의 정점이 아니라는 것, 진화는 진보가 아니라 다양성 확대를 통한 적응이라는 것을 이해한다면 삶을 좀 더 겸손하게 바라보고 우리가 사는 이 지구를 좀 더 아끼며 살 수 있지 않을까?

'95퍼센트 신뢰 구간'이라는 말에 숨겨진 비밀

통계의 숫자는 객관적이고 진실한 결과를 보여 준다. 다만 우리가 이 결과를 잘못 해석하거나 혹은 자의적으로 다르게 해석하는 이들의 거짓에 휘둘리는 게 문제다. 남용되고 오용되는 통계의 홍수 속에서 올바르게 판단하려면 어떻게 해야 할까?

어느 학교 학생들의 몸무게를 조사하여 통계적으로 분석했다고 가정해 보자. 그런데 모든 학생을 조사하기 어렵기 때문에 300명 정도만 무작위로 뽑아 몸무게를 조사하여 평균 50킬로그램, 표준편차 5킬로그램이라는 통계치를 얻었다고 하자. 이 2개의 통계치는 무엇을 의미할까? 대부분의 사람이 평균과 표준편차라는 말의 뜻은 잘 알아도 2개를 결합해 어떤 의미를 이끌어 내야 하는지는 잘 모른다.

앞으로 평균과 표준편차가 같이 제시되는 통계 결과를 접하면 이렇게 이해하기 바란다. "어떤 학생의 몸무게가 '평균-2표준편차'와 '평균+2표준편차' 사이에 해당할 확률은 95퍼센트다"라고 말이다. 여기에서 '2표준편차'는 표준편차에 2를 곱한 값이다. 말이 좀 어려우니 쉽게 풀어 보자. 표준편차가 5킬로그램이니 2표준편차는 10킬로그램이다. 몸무게를 조사한 학교에 찾아가서 아무 학생이나 저울 위에 올려놓을 경우, 그 학생의 몸무게가 40킬로그램에서 60킬로그램 사이에 해당할 확률이 95퍼센트가 된다는 말로 이해하면 된다. 다시 말하면, 그 학생의 몸무게가 40킬로그램보다 작거나 60킬로그램보다 클 확률은 5퍼센트밖에 안 된다는 뜻이다.

우리가 '2표준편차'의 의미를 잘 알아야 하는 이유는 선거철만 되면 정당 지지율이나 유력 후보의 지지율을 보도하는 뉴스의 숨은 뜻을 올바르게 이해해야 하기 때문이다. 뉴스에 곧잘 언급되는 '95퍼센트 신뢰 구간'이라는 말은 실제 지지율이 '평균-2표준편차'와 '평균+2표준편차' 사이에 놓일 확률이 95퍼센트라는 것을 가리킨다.

이를테면 선거 직전에 "총 1000명의 유권자를 대상으로 여론 조사를 실시한 결과, A후보의 지지율은 45퍼센트, B후보의 지지율은 43퍼센트로 나타났습니다. 95퍼센트 신뢰 구간에서 표본오차는 플러스마이너스 2퍼센트입니다. 따라서 두 후보는 표본 오차 내에서 막상막하의 지지율을 보이는 것으로 해석됩니다"라는 뉴스가 나오면 시청자들은 어떻게 이해해야 할까?

B후보는 표본 오차인 2퍼센트를 자신의 지지율 43퍼센트에 더하면 45퍼센트가 되기 때문에 A후보의 지지율인 45퍼센트와 동률이라며 안심할지 모른다. 게다가 유권자 전체가 아니라 일부인 1000명에게만 설문을 벌여 얻은 결과라서 실제로 투표가 진행되면 A후보를 따돌리고 승리할 수 있을 것이라 기대할지도 모른다. 물론 그럴 가능성이 있지만 B후보는 이 뉴스를 듣고 더욱 분발해서 막판 선거 운동에 전념하거나 낙선 사례 문구를 준비하는 것이 좋을 것이다. 왜 그럴까?

여론 조사 통계의 맹점

뉴스에서 언급되는 '표본 오차'라는 말은 바로 '2표준편차'를 의미한다. 따라서 A후보의 지지율이 43~47퍼센트일 확률은 95퍼센트, B후보의 지지율이 41~45퍼센트일 확률은 95퍼센트가 된다. 두 분포가 겹치니까 여전히 두 후보의 지지율 격차가 크지 않다고 생각하기 쉽다. 하지만 이를 통계적으로 분석하면 A후보가 B후보를 이길 확률은 84퍼센트나 된다. A후보와 B후보의 정

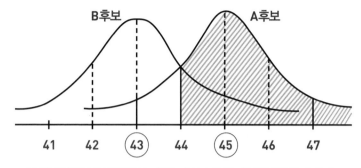

:: 두 후보의 정규 분포 곡선을 비교하면 A후보가 앞서는 면적(확률)을 알 수 있다.

규 분포 곡선을 그려 보면 짐작할 수 있는데, A후보가 B후보보다 앞서는 상태(빗금 표시 부분)는 A후보의 정규 분포 곡선이 차지하는 면적의 84퍼센트가 된다. 84퍼센트라는 확률은 대단히 큰 확률이기 때문에 웬만해서 B후보는 A후보를 이기기가 어렵다고 보는 것이 맞다. 적어도 여론 조사 시점에는 말이다.

여론 조사 뉴스의 속뜻을 바르게 파악하는 일 또한 유권자의 의무 중 하나가 아닐까? 평균과 표준편차의 관계, 그리고 신뢰 구간과 오차 범위(또는 표본 오차)의 관계를 올바르게 이해해야 통계 결과를 잘못 해석하는 낭패를 줄일 수 있을 테고 좀 더 '안전한' 의사 결정을 할 수 있다.

마크 트웨인은 이렇게 비꼰 적이 있다. "세상에는 3가지의 거짓말이 있다. 그럴 듯한 거짓말, 새빨간 거짓말, 그리고 통계다."
하지만 통계 결과 자체는 거짓말을 하지 않는다. 그것을 자기 입
맛대로 재단하고 자신에게 유리하도록 호도하는 사람들이 통계
뒤에 숨어 거짓말을 하는 것이다.

유방암 진단 문제와
헷갈리는 통계

확률이나 백분율과 같은 수학 개념은 헷갈릴 수 있는 부분이 많기 때문에 전문가나 전공자도 오류를 범하기 쉽다. 그러므로 통계적 수치를 살펴볼 때에는 직관적으로 파악하기보다는 한 번 더 고심하는 신중한 자세가 필요하다.

알다시피 유방암을 조기 진단하는 방법은 유방 촬영술을 통해 검진받는 것이다. 특히 40대가 넘어가면 유방암 발병률이 높아지기 때문에 증상이 없더라도 정기적으로 유방 촬영술을 받는 것이 필요하다. 그런데 다음과 같은 정보가 알려진 상태에서 어떤 40대 여성이 유방 촬영술을 실시했는데 양성 반응이 나왔다고 해 보자. 여러분이 의사라면 그녀에게 유방암에 걸렸다고 말해야 할까?

"40대 이상 여성들 중 유방암에 걸릴 확률은 0.8퍼센트다. 유방암에 걸렸을 때 유방 촬영술에서 양성이 나올 확률은 90퍼센트다. 유방암에 걸리지 않았더라도 유방 촬영술로 양성이 나올 확률도 있는데 그것은 7퍼센트다. 이 여성이 유방암에 걸렸을 확률은 얼마인가?"

심리학자이자 행동과학자인 울리히 호프라게와 게르트 기거렌처Gerd Gigerenzer는 평균 14년 경력의 독일 의사 48명에게 이 질문을 던졌다.[35] 그랬더니 16명의 의사가 해당 여성이 유방암에 걸렸을 확률은 90퍼센트라고 답했고, 또 다른 16명은 50~80퍼센트라고 생각했다. 통계를 내 보니 답변의 중앙값은 70퍼센트였다. 아마 여러분도 그 정도로 추정했겠지만, 놀랍게도 정답은 9퍼센트다. 틀렸다고 부끄러워할 필요는 없다. 정답을 맞힌 의사는 단 2명뿐이었으니까. 미국 빌 클린턴 정부에서 의료 자문을 했던 데이비드 에디David Eddy도 미국 의사 100명에게 동일한 정보를 제공하고 질문을 던졌는데, 놀랍게도 95명이나 유방암 확률이 75퍼센트라고 잘못 추정했다.

왜 실제로 유방암에 걸렸을 확률이 9퍼센트밖에 안 될까? 이렇게 찬찬히 계산해 보면 알 수 있다. 1000명의 여성이 내원하여 유방 촬영술을 받았다고 가정하면, 그중 실제로 유방암에 걸린 여성은 0.8퍼센트니까 8명이다. 이 8명 중 유방 촬영술로 양성 반응이 나오는 여성은 90퍼센트라고 했으니 7명일 것이다.

그런데 유방암에 걸리지 않았는데도 유방 촬영술에 양성이 나오는 사람은 992명의 7퍼센트인 69명이다. 이러면 양성 반응이 나온 여성은 모두 76명이 되는데, 그중 7명만이 유방암에 걸려 있다. 그렇다면 유방 촬영술로 양성 반응이 나온 여성이 실제로 유방암에 걸렸을 확률은 대략 9퍼센트(7/76)가 된다.

확률과 통계가 인류에게 익숙하지 않은 이유

똑똑한 사람들조차 정보가 확률로 제시되면 헷갈리고 오류를 범하는 까닭은 확률이 비교적 최근에 발명된 것이기 때문이라는 주장이 있다. 요즘이야 야구와 같은 스포츠에서 타율이니 방어율이니 하며 흔히 쓰이지만 확률에 관한 수학 이론은 17세기 중반에 생겨났고, 백분율은 19세기에 들어서야 일반적인 표기법이 되었다. 그만큼 인간의 오랜 진화 과정 속에서 확률과 백분율을 이해하는 데는 시간적으로 충분하지 않았다는 것이다. 그렇기 때문에 위험한 사건을 설명할 때 확률로 표현하는 것보다 '빈도'로 표시하는 것이 훨씬 유리하다고 게르트 기거렌처는 말한다. 앞에서 '1000명'을 기준으로 설명하는 방식이 사람들에게 이해시키기 좋고 행동을 유도하기에도 좋다는 뜻이다.

한 가지 사례를 더 들어 보겠다. 실리콘을 삽입하는 유방 확대술을 시술받은 여성들이 실리콘 누출로 인해 유방암 등 질병에 걸렸다면서 실리콘 생산 기업을 상대로 집단 소송을 건 일이 있었다. 몇 년간의 법정 공방 끝에 그 기업은 패소했고 32억 달러라는 엄청난 금액을 보상해야 했다. 결국 이때 받은 타격으로 법정 관리에 이르고 말았다.[36]

하지만 이후의 연구를 통해 질병의 원인이 실리콘을 사용한 유방 확대술이 아니라고 밝혀졌다. 원인을 알아내려면 유방 확대술을 받은 여성들과 받지 않은 여성들을 서로 비교하는 것이 원칙이다. 그런데 이렇게 분석하니 두 그룹 간에 유의미한 차이가 보이지 않았다. 두 그룹 모두 비슷한 수준의 발병률을 보였던 것이다. 시술을 받은 여성의 대부분은 성형 수술을 받을 만한 경제력을 지닌 40대 이상이었는데 이 정도 연령대에서 부인병이 많이 발생하기 때문에 애꿎은 실리콘이 누명을 쓴 것이다. 수술을 받은 사람들과 그렇지 않은 사람들을 비교하는 간단한 조치를 잊은 탓에 벌어진 오해였다.

인간은 과거부터 척박한 환경에서 살아남아야 했기에 '파충류의 뇌'가 인간 두뇌의 상당 부분을 지배하고 있다는 말이 있을 정도로 논리보다는 감정적 판단에 익숙하다. 감정적 판단이 항상 나쁜 것은 아니지만, 확률과 관련된 사안이나 첨예한 갈등 상황에서 논리적으로 사고하려고 '의도적으로' 노력한다면 좀 더 나은 결정을 내릴 수 있을 것이다.

황소개구리의 흥망과
생물학적 다양성

우리나라에는 2160여 종의 외래 생물이 서식하는데 그중에서 국내 생태계를 교란하거나 교란할 위험이 있는 21종을 생태계 교란종으로 분류한다. 그 첫 번째 주자였던 황소개구리, 그 많던 녀석들은 오늘날 왜 사라졌을까? 그 비밀은 생물학적 다양성에 있다.

1970년대 초반, 우리나라는 미국 동부가 고향인 황소개구리를 식용으로 쓰기 위해 수입했다. 그러나 개구리 판매가 변변치 않자 1990년대 초부터 산과 호수에 무분별하게 버려지기 시작하여 어느덧 전국의 저수지는 황소개구리 천지가 됐다.

황소개구리는 한 번에 1만 개 이상의 알을 낳는 엄청난 번식력과 뱀까지 잡아먹는 포식 능력을 가지고 있어서 토종 생태계를 위협하기 시작했다. 보통 개구리의 천적은 뱀이나 물새인데, 길이 60센티미터에 1킬로그램이 넘는 황소개구리를 잡아먹기가 어려웠기 때문에 황소개구리의 개체 수는 기하급수적으로 늘어날 수밖에 없었다.

급격하게 생태계를 파괴하는 황소개구리가 환경 문제를 넘어 사회 문제로 대두되자 학생들이 황소개구리를 잡아 오면 봉사 점수를 준다든지, 실업 대책의 일환으로 황소개구리 포획 공공 근로 사업을 벌인다든지, 환경부가 정부과천청사 앞에서 황소개구리 시식회를 여는 등 황소개구리 박멸에 열을 올렸다. 그랬던 황소개구리가 지금은 어찌된 일인지 눈에 잘 띄지 않는다. 무엇 때문일까? 황소개구리 퇴치 노력이 결실을 이룬 걸까?

황소개구리가 자취를 감춘 이유

한국양서파충류생태연구소 소장인 심재한 박사는 그 이유를 3가지로 꼽고 있다. 첫째는 황소개구리의 먹이인 곤충과 작은 물고기가 줄었다는 점, 둘째는 가물치와 메기 같은 토종 물고기와 붉은귀거북, 큰입배스, 블루길 등의 외래종이 황소개구리의 올챙이를 잡아먹는 새로운 천적으로 등장했다는 점, 셋째는 근친 교배로 인해 열성 유전자가 확산됐다는 점이 그것이다. 심재한 박사는 이 중 세 번째 이유에 주목하고 황소개구리의 유전적 다양

성을 조사하여 황소개구리 개체 수의 감소가 근친 교배와 어떤 관련이 있는지 연구했다.[37]

연구자들은 황소개구리의 세포 내 미토콘드리아 DNA(이를 줄여서 'mtDNA'라고 한다)의 염기 서열을 분석했다. mtDNA는 유전자 재조합이 일어나지 않아 안정적이고, 세포핵에 들어 있는 DNA보다 진화 속도가 빨라 유전적 다양성을 연구하는 데 주로 사용된다. 연구자들은 전국의 여러 서식지에서 황소개구리의 서식 밀도(단위 면적당 개체 수)를 조사하고 서식지별로 채취한 황소개구리의 mtDNA를 가지고 미국에서 밝혀진 DNA 염기 서열과의 유사성을 분석했다.

그 결과, 유전자 서열이 99.9~100퍼센트 일치하는 지역(장흥, 남평, 광주)에서는 황소개구리의 서식 밀도가 낮고, 96.5~98.7퍼센트의 유전자 유사성을 보이는 지역(영암, 고흥)에서는 서식 밀도가 상대적으로 높다는 사실이 밝혀졌다. 연구자들은 이 데이터를 가지고 유전자 다양성이 서식 밀도, 즉 개체 수 증감에 영향을 미친다는 결론을 이끌어 냈고 그 원인이 서식지 격리에 따른 근친 교배에서 기인한 것이라 추정했다.

서식 밀도가 낮은 곳의 황소개구리는 저수지 준설 공사, 하수도 정비 공사, 생태 공원 조성 등의 인위적인 이유 때문에 주로 웅덩이, 호수, 연못, 저수지와 같이 물이 고여 있고 다른 개체군으로부터 격리된 장소에서 살고 있었다. 이 같은 지역적 격리는 황소개구리에게 근친 교배가 지속적으로 일어날 수밖에 없는 환경을 제공했던 것이다. 심재한 박사는 격리된 서식지에서 유독 기형 개구리가 많이 발견된다고 말하면서, 황소개구리 개체 수의 급감은 과잉 번식에 의한 근친 교배 때문에 유전적으로 환경 적응력이 떨어진 것이 주요한 이유 중 하나라고 지적했다.

생물학적 다양성의 중요성

그런 예는 가까운 동물원에서 쉽게 찾아볼 수 있다. 동물원은 개체 수를 늘리고 후대를 잇기 위해 어쩔 수 없이 근친 간의 교배가 이루어지는 곳인데 성공률은 그리 높지 않다. 서울대공원에 살던 아홉 살 난 암컷 호랑이는 1999년부터 오빠, 남동생과 근친교배를 통해 모두 9마리의 새끼를 낳았는데 그중 5마리가 폐사했다. 서울대공원을 비롯한 국내 13개 동물원에서 사육되고 있는 호랑이 중 절반이 근친 교배에 의해 태어났지만 그들 중 25퍼센트는 백내장, 사시, 신경 이상 등과 같은 유전 질환을 심하게 앓았다.

호주국립대학교의 연구 팀은 많은 수컷을 상대하는 암컷이 수컷 하나만 상대하는 암컷에 비해 건강한 새끼를 낳는다는 재미있는 연구 결과를 발표했다.[38] 연구 팀의 다이애나 피셔Diana Fisher 박사는 "정자들 간의 경쟁을 통해 가장 힘이 센 정자를 수정할 수 있고 그래서 보다 건강한 새끼를 낳게 된다"고 설명했다. 이러한 결과는 우리가 왜 생물학적 다양성을 유지해야 하는지 시사하는 바가 크다.

일부러 작은 산불을 내어
큰 산불을 예방하다

풍선을 불기만 하면 언젠가는 터져 버린다. 사람은 일하면서 적절하게 스트레스를 해소하거나 휴식을 취해 주지 않으면 쓰러지고 만다. 자연도 마찬가지다. 대형 산불의 원인인 옐로스톤 효과를 통해 자연계에도 "참는 데 한계가 있다"는 걸 알 수 있다.

물리학자 브루스 맬러머드Bruce Malamud는 미국과 호주에서 일어난 산불의 크기를 불에 탄 나무 숫자와 피해 면적을 기준으로 분류해 본 결과, 대규모 산불이든 소규모 산불이든 발생 원인은 다르지 않다는 가설을 세웠다. 그는 컴퓨터로 다음과 같은 모의실험을 통해 가설을 검증하고자 했다.[39]

컴퓨터는 바둑판의 각 격자에 무작위로 나무를 심는다. 시간이 지나면 나무들이 늘어나 바둑판을 가득 채우게 된다. 그런 다음 컴퓨터는 나무가 200~400그루씩 늘어날 때마다 무작위로 가상의 성냥불을 떨어뜨린다. 성냥이 떨어진 격자에 나무가 있으면 불이 붙고, 나무가 없는 공터라면 성냥불은 그냥 꺼지고 만다. 그리고 불이 붙은 나무와 이웃한 4칸에 나무가 자라고 있으면 불이 옮겨 붙는다. 이것이 맬러머드가 시행한 게임의 룰이다.

맬러머드는 이런 단순한 모의실험을 통해 성냥불을 하나 떨어뜨리는 작은 행동이 무작위로 소형 산불부터 대형 산불까지 발생시킨다는 사실에 주목했다. 대형 산불이라고 해서 그것이 발생한 특별한 원인이 있는 것은 아니었다. 숲은 나무와 나무가 복잡한 네트워크를 이루고 있는데, 나무가 많아질수록 미세한 변동으로 인해 산불의 규모가 결정되는 임계 상태로 치닫기 때문이다.

그는 실험 방식을 조금 바꿔 보았다. 나무가 200~400그루 늘어날 때마다 성냥불을 떨어뜨리던 주기를 변경해서 100그루마다 한 번씩 떨어뜨려 보고, 또 2000그루마다 한 번씩 떨어뜨려 보았다. 첫 번째 경우에는 당연히 산불이 자주 일어났다. 하지만 군데군데 나무가 없는 공터가 많았기 때문에 불이 붙더라도 얼마간 타다가 자연스레 꺼져 버렸다. 하지만 2000그루마다 한 번씩 성냥불을 떨어뜨려 보니 숲에 대참사가 일어나는 횟수가 급격히 많아졌다. 나무들은 성냥을 떨어뜨리기 전까지 아무런 제약을 받지 않고 빽빽하게 자랄 수 있었는데, 성냥불이 떨어지자

불이 숲 전체로 걷잡을 수 없이 번지는 상황이 발생한 것이다.

맬러머드는 나무들이 빽빽하게 자란 숲은 그만큼 상호 작용이 크기 때문에 숲 전체가 임계 상태에 도달하면서 걷잡을 수 없는 대형 산불이 일어나게 된다고 설명했다. 그의 말을 다시 해석하면, 산불이 드물게 발생할수록 대형 산불이 일어날 확률이 높다는 뜻이다.

대형 산불의 원인, 옐로스톤 효과

그의 실험 결과는 1988년 미국의 옐로스톤Yellowstone 국립공원에서 발생한 역사상 최악의 산불이 증명하고 있다. 3개월 가까이 계속된 이 산불을 진화하기 위해 소방관 1만 명, 비행기 117대, 소방차 100대 이상이 동원됐다. 하지만 결국 150만 에이커라는 어마어마한 산림을 잿더미로 만들어 버렸고 진화 작업에 투여된 비용만 1억 2000만 달러가 넘었다.[40]

무엇 때문에 산불이 이토록 커졌을까? 맬러머드는 이 초대형 산불의 원인은 옐로스톤의 숲이 임계 상태에 도달해 있었기 때문이라고 말한다. 자연 보호라는 미명 아래 미국의 산림 보호 당국은 단 1건의 산불도 용납하지 않겠다는 목표로 숲을 관리해 왔다. 그래서 자연적으로 발생하는 조그만 산불까지 무조건 막아내려 했다. 그 결과 숲에는 불쏘시개가 될 만한 죽은 나무와 마른 나뭇잎들이 축적되기 시작했고, 숲을 솎아 내는 효과가 있던 작은 산불이 없다 보니 자라는 나무들이 점점 조밀해졌다. 즉 네트워크의 상호 작용 크기가 커져 버린 것이다. 지나친 관리와 대응이 숲을 임계 상태로 치닫도록 방치한 것이나 다름없었다. 맬러머드는 이것이 옐로스톤 산불이 그토록 맹렬한 기세로 오랫동안 타오른 이유였다고 주장하며, 이런 현상에 '옐로스톤 효과'라는 이름을 붙였다.

이제 미국의 산림 보호 당국은 그의 견해를 받아들여서 자연적으로 발생한 작은 산불은 구태여 끄지 않으려고 한다. 게다가 나무들 사이의 불쏘시개를 없애기 위해 일부러 작은 불을 내기도 한다. 그렇게 해야 숲이 임계 상태가 되는 걸 막을 수 있고 대형 참사가 발생하지 않는다는 것을 깨달았기 때문이다.

2019년 4월 초, 강원도 고성과 속초 일대에 대형 산불이 발생하여 주택 및 시설물 916곳과 1757헥타르의 산림이 전소되는 등 막대한 피해가 발생했다. 이 산불은 토성면 원암리 일성콘도 인근 주유소 앞 도로변에 있던 전신주에서 불꽃이 일어나 발화가 시작된 것으로 알려져 있다. 초기 진화에 실패하여 대형 산불로 악화됐다지만, 휘발성 물질인 송진을 잔뜩 머금은 침엽수들이 빽빽하게 숲을 이룬 것도 대형 산불의 원인이지 않을까? 대형 산불을 막기 위해 일부러 작은 산불을 내어 불쏘시개를 없애는 조치가 필요할지도 모르겠다.

우리의 시간은 상대적으로 흐르기에 더 소중하다

흔히 시간은 돈으로 살 수 없다고 하지만 엄청나게 빠른 비행기 티켓을 끊으면 가능할지도 모르겠다. 아인슈타인의 특수 상대성 이론에 의하면 제자리에 멈춰 있는 사람과 움직이는 사람의 시간은 서로 다르게 흐르기 때문이다.

위대한 물리학자 아이작 뉴턴은 절대적인 시간이 존재한다고 믿었다. 사람들이 각자 처한 상황에 따라 시간을 짧게 혹은 길게 느낀다 해도 우주 전체에 절대적인 '우주 시계'가 존재한다고 생각한 것이다. 우리가 해외에서 일어난 사건을 표현할 때 영국의 그리니치 천문대 기준으로 '세계시時'를 사용하는 것처럼 말이다. '우주 시계'라는 개념은 너무나 강력하고 직관적인 나머지 아인슈타인이 상대성 이론을 발표한 지 100년이 넘은 지금도 사람들은 절대 시간이 존재한다고 가정한다. 〈스타워즈〉 같은 SF 영화를 보면 등장인물들이 시간 여행을 하거나 여러 행성을 오고가면서 "지금 바로 가면 그들의 침략을 막을 수 있을 거야"라는 식의 대사를 내뱉는 걸 종종 들을 수 있다. 이것은 절대 시간, 즉 우주 시계가 존재한다는 전제에서 할 수 있는 대사다.

저마다의 시간은 '상대적'이다

아인슈타인은 시간이 상대적이라는 이론을 내놓음으로써 뉴턴의 우주 시계 개념을 무너뜨렸다. 그는 독특한 '사고 실험'을 통해 상대성 이론을 설명했다.

여기, 마주 보는 2개의 거울이 달린 시계가 있다. 한쪽 거울에 빛을 쏘면 그 빛은 2개의 거울 사이를 왔다 갔다 한다. 이 빛이 한 번 왔다 갔다 하는 동안 시계는 한 번 째깍거린다. 물론 빛의 속도는 초속 30만 킬로미터로 초속 340미터인 음속보다 훨씬 빠르기 때문에 "째깍"보다는 "찌익~"에 가까운 소리처럼 들리겠지만 이 부분은 무시하기로 하자(어디까지나 이론적인 '사고 실험'이니까).

이 시계를 하나씩 가진 '빛돌이'라는 친구와 '땅돌이'라는 친구가 있다. 그중 빛돌이가 우주선을 타고 날아가고, 땅돌이는 지상에 서 있다. 시계에 달린 왼쪽 거울에서 빛이 출발한 순간, 빛돌이의 우주선이 땅돌이의 머리 위를 지나게 되었다.

왼쪽 거울에서 출발한 빛이 오른쪽 거울까지 가 닿는 시간 동안 빛돌이의 우주선은 얼마만큼 앞으로 나아갔을 것이다. 그리고 우주선이 이동한 거리만큼 빛돌이의 시계 속 빛도 이동했을 것이다.

이때 땅돌이가 빛돌이의 시계를 올려다봤다면 어떨까? 빛돌이의 시계 속 빛은 2개의 거울 사이보다 더 긴 거리를 이동한 것처럼 보일 것이다(우주선이 이동한 거리만큼 빛도 이동했으니까). 그리고 빛이 더 긴 거리를 이동했다면 시계 소리도 "째깍"이 아니라 "째에~까악"처럼 길게 늘어진 소리처럼 들릴 것이다.

이번에는 반대로 빛돌이의 입장에서 땅돌이의 시계를 내려다보자. 실제로 움직이는 건 빛돌이다. 하지만 빛돌이에게는 땅돌이가 자신에게서 빠르게 멀어지는 것처럼 보일 것이다(차창 밖을 내다보면 풍경이 움직이는 것처럼 느껴지는 것과 같다). 그러므로 땅돌이에게 빛돌이의 시계 소리가 "째에~까악"처럼 들린 것처럼, 빛돌이에게도 땅돌이의 시계 소리가 "째에~까악"처럼 들릴 것이다. 각자 본인의 시계는 "째깍" 소리를 내지만 상대방의 시계 소리는 "째에~까악"으로 들린다는 것은 각자가 느끼는 시간이 다르다는 뜻이다.

그러므로 '지금'이라는 개념은 빛돌이와 땅돌이에게 똑같이 적용되지 않는다. 시간은 상대적인 것일 뿐 누구의 시간이 절대적이라고 말할 수 없다. 이것이 아인슈타인의 '특수 상대성 이론'의 핵심이다('일반 상대성 이론'은 좀 더 복잡하니 생략한다).

상대성 이론을 실험으로 증명하다

아인슈타인은 1905년에 특수 상대성 이론을 완성했지만 기술적인 이유로 실험을 통해 재현하기는 어려웠다. 하지만 세슘 원자를 이용한 원자시계가 발명된 후 이 시계를 가지고 실험한 미국의 물리학자 조지프 하펠Joseph Hafele에 의해 특수 상대성 이론이 증명되었다.[41] 지구는 반시계 방향(서쪽에서 동쪽으로)으로 자전한다. 그는 원자시계와 함께 비행기를 타고 워싱턴을 출발해 프랑크푸르트, 델리, 홍콩, 호놀룰루를 거쳐 다시 워싱턴으로 돌아왔다. 지구의 자전 방향대로 날아가면 땅돌이의 머리 위를 지나가는 빛돌이의 입장이 될 수 있기 때문이었다. 하펠이 여행을 마치고 원자시계의 시간을 살펴보니 자신이 실험실에 두고 온 원자시계에 비해 590억 분의 1초가 느려진 것을 발견했다. 아주 미세했지만 아인슈타인이 이론상으로 예측했던 바가 실험으로 증명된 것이다.

한국에 있는 우리가 미국으로(지구 자전 방향으로) 비행기를 타고 날아가면 날짜 변경선 때문에 하루를 번 느낌이 들 것이다. 실제로도 한국에 있는 친구보다 590억 분의 1초만큼 더 오래 살 것이다. 물론 수백억 분의 1초를 더 살려고 미국행 비행기 티켓을 사는 건 바보 같은 짓이긴 하다. 게다가 스티븐 호킹의 말처럼 "장기 비행으로 인한 스트레스"가 수명에 더 큰 악영향을 끼칠 테니까.

주

머리말

1. 빌 게이츠 추천 도서 https://www.businessinsider.com/bill-gates-favorite-science-books-2017-6

   https://www.hundreader.com/ko/catalog/1234627

2. 마크 저커버그 추천 도서 https://www.businessinsider.com/science-books-mark-zuckerberg-recommends-2017-8#genome-by-matt-ridley-5

3. "12books Elon Musk thinks everyone should read", Jeremy Berke and Shana Lebowit, Business Insider, Jul. 13, 2018; https://www.businessinsider.com/books-elon-musk-thinks-everyone-should-read-2018-4

1부 성공하는 사람은 과학에서 배운다

1. O'Boyle Jr, E., & Aguinis, H. (2012). The best and the rest: Revisiting the norm of normality of individual performance. *Personnel Psychology*, *65*(1), 79-119.

2. Zipf, G. K. (1929). Relative frequency as a determinant of phonetic change. *Harvard studies in classical philology*, *40*, 1-95.

3. Axtell, R. L. (2001). Zipf distribution of US firm sizes. *Science*, 293(5536), 1818-1820.

4. 앤디 브라이스의 블로그 http://successfulsoftware.net/2013/03/11/the-1-percent-fallacy/

5. Allee, W. C., & Bowen, E. S. (1932). Studies in animal aggregations: mass protection against colloidal silver among goldfishes. *Journal of Experimental Zoology*,

61(2), 185-207.

6. 리처드 파인만, 홍승우 옮김, 《남이야 뭐라 하건》, 사이언스북스, 2004.

7. Pennisi, E. (2005). In Voles, a Little Extra DNA Makes for Faithful Mates. *Science*, *308*(5728), 1533.

8. Harvard Medical School. (2004, June 3). Junk DNA Yields New Kind Of Gene: Regulates Neighboring Gene Simply By Being Switched On. ScienceDaily. Retrieved April 10, 2019 from www.sciencedaily.com/releases/2004/06/040603070607.htm

9. ENCODE Project Consortium. (2012). An integrated encyclopedia of DNA elements in the human genome. *Nature*, *489*(7414), 57.

10. Gilbert, N., Lutz, S., Morrish, T. A., & Moran, J. V. (2005). Multiple fates of L1 retrotransposition intermediates in cultured human cells. *Molecular and cellular biology*, *25*(17), 7780-7795.

11. 스티븐 존슨, 김명남 옮김, 《감염지도》, 김영사, 2008.

12. 같은 책

13. 마이클 화이트, 김명남 옮김, 《갈릴레오》, 사이언스북스, 2009.

14. 수전 블랙모어, 김명남 옮김, 《문화를 창조하는 새로운 복제자 밈》, 바다출판사, 2010.

15. 위키피디아 https://en.wikipedia.org/wiki/Abiogenic_petroleum_origin

16. Kolesnikov, A., Kutcherov, V. G., & Goncharov, A. F. (2009). Methane-derived hydrocarbons produced under upper-mantle conditions. *Nature Geoscience*, *2*(8), 566.

17. Brosnan, S. F., & De Waal, F. B. (2003). Monkeys reject unequal pay. *Nature*, *425*(6955), 297.

18. 매트 리들리, 신좌섭 옮김, 《이타적 유전자》, 사이언스북스, 2001.

19. Morse, S., & Gergen, K. J. (1970). Social comparison, self-consistency, and the concept of self. *Journal of personality and social psychology*, *16*(1), 148.

20. Manfred Milinski(1987), Tit for Tat and evolution of cooperation in stickle-backs, *Nature* 325, 433–435

21. Ashley J. W. Ward, David J. T. Sumpter, Iain D. Couzin, Paul J. B. Hart, Jens Krause(2008), Quorum decision-making facilitates information transfer in fish shoals, *PNAS*, Vol. 105(19)

22. Jay, K. L., & Jay, T. B. (2015), Taboo word fluency and knowledge of slurs and general pejoratives: Deconstructing the poverty-of-vocabulary myth. *Language Sciences*, *52*, 251–259.

23. 스티븐 제이 굴드, 이명희 옮김, 《풀 하우스》, 사이언스북스, 2002.

24. 던컨 와츠, 강수정 옮김, 《SMALL WORLD》, 세종연구원, 2004.

25. Milgram, S. (1967). Six degrees of separation. *Psychology Today*, *2*, 60–64.

26. Helbing, D., Keltsch, J., & Molnar, P. (1997). Modelling the evolution of human trail systems. *Nature*, *388*(6637), 47.

27. 재닌 M. 베니어스, 최돈찬, 이명희 옮김, 《생체모방》, 시스테마, 2010.

28. 던컨 와츠, 강수정 옮김, 《SMALL WORLD》, 세종연구원, 2004.

29. "Catfish Philosophy", Arnold J. Toynbee, The Rotarian, Vol. 76, No. 4, pp.64, April, 1950.

30. 〈[피플&뉴스] 강한 경쟁자가 나오면 더 강해진다〉, 《한국경제》, 2017년 9월 4일. http://news.hankyung.com/article/2017090128881

31. Hawlena, D., & Pérez-Mellado, V. (2009). Change your diet or die: predator-induced shifts in insectivorous lizard feeding ecology. *Oecologia*, 161(2), 411–419.

32. "Dragonflies Are Literally Scared to Death of Fish", Remy Melina, Live Science, Oct. 28, 2011, https://www.livescience.com/16783-dragonflies-scared-death-fish.html

33. "The Legend of the Boiling Frog Is Just a Legend", Whit Gibbons, Ecoviews, Nov. 18, 2002; "The Old Tale of a Boiling Frog", Anupum Pant, http://

awesci.com/the-old-tale-of-a-boiling-frog/

34. "Photograph of a Wolf Pack Explains 'Alpha' Behavior?", TruthorFiction, Dec. 23, 2015; https://www.truthorfiction.com/photo-of-a-wolf-pack-explains-wolf-behavior/

35. Mech, L. D. (1999). Alpha status, dominance, and division of labor in wolf packs. *Canadian Journal of Zoology*, 77(8), 1196-1203.

36. 요하임 바우어, 이미옥 옮김, 《인간을 인간이게 하는 원칙》, 에코리브르, 2007.

37. Krams, I., Bērziņš, A., Krama, T., Wheatcroft, D., Igaune, K., & Rantala, M. J. (2009). The increased risk of predation enhances cooperation. *Proceedings of the Royal Society B: Biological Sciences*, 277(1681), 513-518.

38. Warneken, F., & Tomasello, M. (2006). Altruistic helping in human infants and young chimpanzees. Science, 311(5765), 1301-1303.

39. 대표적으로 하나만 소개한다. 유튜브 '영국남자' 채널 https://www.youtube.com/watch?v=gLNEckm37wc

40. 위키백과 https://ko.wikipedia.org/wiki/솥물_효과

41. John A. Endler(1980), Natural Selection on Color Patterns in Poecilia reticulata, *Evolution*, Vol. 34(1)

42. http://www.jobkorea.co.kr/goodjob/tip/View?News_No=15623

43. 〈'잠 못 드는 한국'… 꿀잠족 위한 '수면경제' 뜬다〉, 《뉴스1》, 2019년 4월 3일. http://news1.kr/articles/?3587226

44. Kimberly M. Fenn, Howard C. Nusbaum, Daniel Margoliash(2003), Consolidation during sleep of perceptual learning of spoken language, *Nature* 425, 614-616

45. Joo, E. Y., Yoon, C. W., Koo, D. L., Kim, D., & Hong, S. B. (2012), Adverse Effects of 24 Hours of Sleep Deprivation on Cognition and Stress Hormones, *Journal of Clinical Neurology*, Vol. 8(2)

46. "Why Your Next Big Deal Will Fail", CBS Money Watch, Jun. 8, 2011; http://

www.cbsnews.com/8334-505125_162-57234765/why-your-next-big-deal-will-fail

47. Landrigan, C. P., Rothschild, J. M., Cronin, J. W., Kaushal, R., Burdick, E., Katz, J. T., ... & Czeisler, C. A. (2004). Effect of reducing interns' work hours on serious medical errors in intensive care units. *New England Journal of Medicine, 351*(18), 1838-1848.

48. Wagner, D. T., Barnes, C. M., Lim, V. K., & Ferris, D. L. (2012). Lost sleep and cyberloafing: Evidence from the laboratory and a daylight saving time quasi-experiment. *Journal of Applied psychology, 97*(5), 1068.

49. Rosekind, M. R., Smith, R. M., Miller, D. L., Co, E. L., Gregory, K. B., Webbon, L. L., ... & Lebacqz, J. V. (1995). Alertness management: strategic naps in operational settings. *Journal of Sleep Research, 4*, 62-66.

50. V. S. 라마찬드란, 박방주 옮김,《명령하는 뇌, 착각하는 뇌》, 알키, 2012.

51. 마틴 가드너, 이충호 옮김,《이야기 파라독스》, 사계절, 2003.

52. 대니얼 카너먼, 이창신 옮김,《생각에 관한 생각》, 김영사, 2012.

53. John J. Kelly(1956), A new interpretation of information rate, *Information Theory*, Vol. 2(3)

54. "Concerning a Biologically Important Relationship - The Influence of the Carbon Dioxide Content of Blood on its Oxygen Binding", http://www1.udel.edu/chem/white/C342/Bohr(1904).html

2부 나를 바꾸고 원하는 것을 얻는 기술

1. Fishbach, A., & Choi, J. (2012). When thinking about goals undermines goal pursuit. *Organizational Behavior and Human Decision Processes, 118*(2), 99-107.

2. Peter M. Gollwitzer, Veronika Brandstätter(1997), Implementation intentions

and effective goal pursuit. *Journal of Personality and Social Psychology*, Vol. 73(1)

3. Amy N. Dalton, Stephen A. Spillert(2012), Too Much of a Good Thing: The Benefits of Implementation Intentions Depend on the Number of Goals. *Journal of Consumer Research*, Vol. 39

4. Ran Kivetz, Oleg Urminsky, Yuhuang Zheng(2006), The Goal-Gradient Hypothesis Resurrected: Purchase Acceleration, Illusionary Goal Progress, and Customer Retention. *Journal of Marketing Research*, Vol. 43(1)

5. Park, Y. S., Jun, D. J., Hur, E. M., Lee, S. K., Suh, B. S., & Kim, K. T. (2006). Activity-dependent potentiation of large dense-core vesicle release modulated by mitogen-activated protein kinase/extracellularly regulated kinase signaling. *Endocrinology*, *147*(3), 1349–1356.

6. Weiss, J. M. (1971). Effects of coping behavior in different warning signal conditions on stress pathology in rats. *Journal of Comparative and Physiological Psychology*, *77*(1), 1.

7. Salimpoor, V. N., Benovoy, M., Larcher, K., Dagher, A., & Zatorre, R. J. (2011). Anatomically distinct dopamine release during anticipation and experience of peak emotion to music. *Nature neuroscience*, *14*(2), 257.

8. Mikolajczak, M., Gross, J. J., Lane, A., Corneille, O., de Timary, P., & Luminet, O. (2010). Oxytocin makes people trusting, not gullible. *Psychological science*, *21*(8), 1072–1074.

9. Kosfeld, M., Heinrichs, M., Zak, P. J., Fischbacher, U., & Fehr, E. (2005). Oxytocin increases trust in humans. *Nature*, *435*(7042), 673.

10. 마츠우라 모토오, 왕현철 옮김, 《주켄 사람들》, 거름, 2004.

11. Kanazawa, S., & Perina, K. (2009). Why night owls are more intelligent. *Personality and Individual Differences*, *47*(7), 685–690.

12. Preckel, F., Lipnevich, A. A., Boehme, K., Brandner, L., Georgi, K., Könen, T., ... & Roberts, R. D. (2013). Morningness–eveningness and educational

outcomes : The lark has an advantage over the owl at high school. *British Journal of Educational Psychology*, *83*(1), 114-134.

13. Werner, L., Geisler, J., & Randler, C. (2015). Morningness as a personality predictor of punctuality. *Current Psychology*, *34*(1), 130-139.

14. Randler, C. (2009). Proactive People Are Morning People 1. *Journal of Applied Social Psychology*, *39*(12), 2787-2797.

15. DeWall, C. N., MacDonald, G., Webster, G. D., Masten, C. L., Baumeister, R. F., Powell, C., ... & Eisenberger, N. I. (2010). Acetaminophen reduces social pain : Behavioral and neural evidence. *Psychological science*, *21*(7), 931-937.

16. 브렌다 매독스, 나도선 외 옮김,《로잘린드 프랭클린과 DNA》, 양문, 2004.

17. 신도 마사아키, 김은진 옮김,《니콜라 테슬라 과학적 상상력의 비밀》, 여름언덕, 2008.

18. 이 유튜브 동영상이 두 사람 사이의 치열한 경쟁과 반목을 요약해서 보여 준다. 유튜브 '서프라이즈' 채널 https://www.youtube.com/watch?v=aKsJOaSFm_Q

19. 제임스 글릭, 황혁기 옮김,《천재》, 승산, 2005.

20. 존 그리빈, 김희봉 옮김,《나는 물리학을 가지고 놀았다》, 사이언스북스, 2004.

21. Kruger, J., Wirtz, D., & Miller, D. T. (2005). Counterfactual thinking and the first instinct fallacy. *Journal of personality and social psychology*, *88*(5), 725.

22. Fergus I. M. Craik, Janine F. Hay(1999), Aging and judgments of duration : Effects of task complexity and method of estimation, Attention, *Perception & Psychophysics*, Vol. 61(3)

23. Horvath, S. (2013). DNA methylation age of human tissues and cell types. *Genome biology*, *14*(10), 3156.

24. 마리오 리비오, 심재관 옮김,《에바리스트 갈루아, 한 수학 천재를 위한 레퀴엠》, 살림Math, 2009.

25. 위키피디아 https://en.wikipedia.org/wiki/Toilet_paper_orientation

26. "What Your Toilet Paper Reveals About Your Personality", PsyBlog, May 29,

2017 : https://www.spring.org.uk/2017/05/what-your-toilet-paper-reveals-about-your-personality.php

27. 동 사이트.

28. 미치오 카쿠, 박병철 옮김, 《마음의 미래》, 김영사, 2015.

29. Aydin, K., Ucar, A., Oguz, K. K., Okur, O. O., Agayev, A., Unal, Z., ... & Ozturk, C. (2007). Increased gray matter density in the parietal cortex of mathematicians : a voxel-based morphometry study. American Journal of Neuroradiology, 28(10), 1859-1864.

30. Polat, U., Ma-Naim, T., Belkin, M., & Sagi, D. (2004). Improving vision in adult amblyopia by perceptual learning. Proceedings of the National Academy of Sciences, 101(17), 6692-6697.

31. Chesler, E. J., Wilson, S. G., Lariviere, W. R., Rodriguez-Zas, S. L., & Mogil, J. S. (2002). Identification and ranking of genetic and laboratory environment factors influencing a behavioral trait, thermal nociception, via computational analysis of a large data archive. Neuroscience & Biobehavioral Reviews, 26(8), 907-923.

32. Ross, L. D., Amabile, T. M., & Steinmetz, J. L. (1977). Social roles, social control, and biases in social-perception processes. Journal of personality and social psychology, 35(7), 485.

33. Rosenthal, R., & Jacobson, L. (1968). Pygmalion in the classroom. The urban review, 3(1), 16-20.

34. Emily Pronin, Christopher Y. Olivola, Kathleen A. Kennedy(2008), Doing Unto Future Selves As You Would Do Unto Others : Psychological Distance and Decision Making, Personality and Social Psychology Bulletin, Vol. 34(2)

35. Watanabe, Y., Gould, E., & McEwen, B. S. (1992). Stress induces atrophy of apical dendrites of hippocampal CA3 pyramidal neurons. Brain research, 588(2), 341-345.

36. 데보라 J. 베넷, 박병철 옮김, 《확률의 함정》, 영림카디널, 2003.

37. "MONTY HALL, ERDOS, AND OUR LIMITED MINDS", Wired, Nov. 26, 2014 ; https://www.wired.com/2014/11/monty-hall-erdos-limited-minds/

38. 매트 리들리, 김한영 옮김, 《본성과 양육》, 김영사, 2004.

39. Dickens, W. T., & Flynn, J. R. (2001). Heritability estimates versus large environmental effects : the IQ paradox resolved. *Psychological review, 108*(2), 346.

40. 이블린 폭스 켈러, 정세권 옮김, 《본성과 양육이라는 신기루》, 이음, 2013.

41. 다음의 사이트에 접속하면 증명 결과를 볼 수 있다. https://terms.naver.com/entry.nhn?docId=3566932

42. 위키피디아 https://en.wikipedia.org/wiki/Eben_Byers

43. Keinan, G. (1994). Effects of stress and tolerance of ambiguity on magical thinking. *Journal of Personality and Social Psychology*, 67(1), 48-55.

44. Sosis, R., & Handwerker, W. P. (2011). Psalms and coping with uncertainty : Religious Israeli women's responses to the 2006 Lebanon War. *American Anthropologist, 113*(1), 40-55.

45. Damisch, L., Stoberock, B., & Mussweiler, T. (2010). Keep your fingers crossed! How superstition improves performance. *Psychological Science, 21*(7), 1014-1020.

3부 과학은 어떻게 세상살이의 무기가 되는가

1. 관세청 수출입 무역 통계 https://unipass.customs.go.kr:38030/ets/

2. http://www.ilyoseoul.co.kr/news/articleView.html?idxno=216667

3. Cornelis, M. C., Byrne, E. M., Esko, T., Nalls, M. A., Ganna, A., Paynter, N., ... & Ngwa, J. S. (2015). Genome-wide meta-analysis identifies six novel loci associated with habitual coffee consumption. *Molecular psychiatry, 20*(5), 647.

4. 전승민, 〈커피전도사가 전하는 '커피 분석학'〉, 《동아사이언스》, http://dongascience.donga.com/news.php?idx=-145764

5. 네이버 미생물학백과 https://terms.naver.com/entry.nhn?docId=5144834

6. 마크 뷰캐넌, 김희봉 옮김, 《세상은 생각보다 단순하다》, 지호, 2004.

7. Behnke, J. M., Barnard, C. J., & Wakelin, D. (1992). Understanding chronic nematode infections: evolutionary considerations, current hypotheses and the way forward. *International journal for parasitology*, *22*(7), 861–907.

8. Sheldon, B. C., & Verhulst, S. (1996). Ecological immunology: costly parasite defences and trade-offs in evolutionary ecology. *Trends in ecology & evolution*, *11*(8), 317–321.

9. Fincher, C. L., & Thornhill, R. (2012). Parasite-stress promotes in-group assortative sociality: The cases of strong family ties and heightened religiosity. *Behavioral and Brain Sciences*, *35*(2), 61–79.

10. 폴 콜린스, 홍한별 옮김, 《밴버드의 어리석음》, 양철북, 2009.

11. 데즈먼드 모리스, 김동광 옮김, 《피플워칭》, 까치, 2004.

12. Rodriguez, A., Kaakinen, M., Moilanen, I., Taanila, A., McGough, J. J., Loo, S., & Järvelin, M. R. (2010). Mixed-handedness is linked to mental health problems in children and adolescents. *Pediatrics*, *125*(2), e340–e348.

13. "Right Hand, Left Hand: The Origins of Asymmetry in Brains, Bodies, Atoms and Cultures", Chris McManus, Harvard University Press, 2004

14. Strack, F., Martin, L. L., & Stepper, S. (1988). Inhibiting and facilitating conditions of the human smile: a nonobtrusive test of the facial feedback hypothesis. *Journal of personality and social psychology*, *54*(5), 768.

15. 〈보톡스, 청소년 감정 표현에 악영향〉, 《연합뉴스》, 2014년 9월 15일. https://www.yna.co.kr/view/MYH20140915016600038

16. Neal, D. T., & Chartrand, T. L. (2011). Embodied emotion perception: amplifying and dampening facial feedback modulates emotion perception accuracy.

Social Psychological and Personality Science, *2*(6), 673-678.

17. Finzi, E., & Wasserman, E. (2006). Treatment of depression with botulinum toxin A : a case series. *Dermatologic Surgery*, *32*(5), 645-650.

18. Pasley, B. N., David, S. V., Mesgarani, N., Flinker, A., Shamma, S. A., Crone, N. E., ... & Chang, E. F. (2012). Reconstructing speech from human auditory cortex. *PLoS biology*, *10*(1), e1001251.

19. "Indendix EEG lets you type with your brain", Cnet, Mar. 9, 2010 ; https:// www.cnet.com/news/indendix-eeg-lets-you-type-with-your-brain/

20. "Monkey's Thoughts Propel Robot, a Step That May Help Humans", New York Times, Jan. 15, 2008 ; https://www.nytimes.com/2008/01/15/ science/15robo.html

21. "Researcher controls colleague's motions in 1st human brain-to-brain interface", UW News, Aug. 27, 2013 ; https://www.washington.edu/ news/2013/08/27/researcher-controls-colleagues-motions-in-1st-human-brain-to-brain-interface/

22. 네이버 지식백과 https://terms.naver.com/entry.nhn?docId=1228311

23. 〈풍력 발전에 '상어 비늘'붙였더니 효율이 확〉,《동아사이언스》, 2013년 12월 25일. http://dongascience.donga.com/news/view/3328

24. 〈여성 과학자들, 왜 협동조합 설립에 나섰을까?〉,《오마이뉴스》, 2018년 10월 19일. http://omn.kr/1b2n1

25. 〈100% 재생에너지 시대, 개발도상국에도 못 미치는 한국 목표치〉,《그린포스트 코리아》, 2017년 9월 22일. http://www.greenpostkorea.co.kr/news/articleView. html?idxno=80707

26. 〈제2, 제3 '알파고'나온다… 바둑→사회 전분야 '범용 AI' 초읽기〉,《머니투데이》, 2017년 5월 28일. http://news.mt.co.kr/mtview. php?no=2017052814041697856

27. 〈애널리스트가 벌벌 떠는 이유?〉,《한국경제》, 2015년 7월 16일. https://www.

hankyung.com/it/article/201507161040C

28. 일본경제신문사, 서라미 옮김, 《AI 2045 인공지능 미래보고서》, 반니, 2019.

29. 〈[인터뷰] 도올 김용옥 "이세돌-알파고 대결은 '실험'… 바둑 아니다"〉, JTBC, 2016년 3월 15일. http://news.jtbc.joins.com/article/article.aspx?news_id=NB11193335

30. 미치오 카쿠, 박병철 옮김, 《마음의 미래》, 김영사, 2015.

31. 구루 마드하반, 유정식 옮김, 《맨발의 엔지니어들》, 알에이치코리아, 2016.(이 책에 쓴 옮긴이의 말을 수정하여 여기에 옮겼다)

32. 칼 세이건, 임지원 옮김, 《에덴의 용》, 사이언스북스, 2006.

33. 스티븐 제이 굴드, 이명희 옮김, 《풀 하우스》, 사이언스북스, 2002.

34. 이상욱, 홍성욱, 장대익, 이중원, 《과학으로 생각한다》, 동아시아, 2006.

35. 게르트 기거렌처, 전현우, 황승식 옮김, 《숫자에 속아 위험한 선택을 하는 사람들》, 살림, 2013

36. "Dow Corning OKs $3.2-Billion Payout on Breast Implants", LA Times, Jul. 9, 1998 : https://www.latimes.com/archives/la-xpm-1998-jul-09-mn-2215-story.html

37. 이지영, 심재한, 정인실(2005), 〈미토콘드리아 ND1/tRNA 유전자 서열 비교를 통한 국내 서식 황소개구리의 유전적 다양성 조사〉, 《한국생태학회지》 Vol.28 No.6, p 375~382.

38. Fisher, D. O., Double, M. C., Blomberg, S. P., Jennions, M. D., & Cockburn, A. (2006). Post-mating sexual selection increases lifetime fitness of polyandrous females in the wild. *Nature*, *444*(7115), 89.

39. Malamud, B. D., Morein, G., & Turcotte, D. L. (1998). Forest fires : an example of self-organized critical behavior. *Science*, *281*(5384), 1840-1842.

40. 위키피디아 https://en.wikipedia.org/wiki/Yellowstone_fires_of_1988

41. Hafele, J. C., & Keating, R. E. (1972). Around-the-world atomic clocks : predicted relativistic time gains. Science, 177(4044), 166-168.